FISCHER ❖ SAUERLÄNDER

Klaus-Peter Wolf, 1954 in Gelsenkirchen geboren, lebt als freier Schriftsteller in der ostfriesischen Stadt Norden. Seine Bücher sind mit zahlreichen Preisen ausgezeichnet, in 26 Sprachen übersetzt und über vierzehn Millionen Mal verkauft worden. Mehr als 60 seiner Drehbücher wurden verfilmt, darunter viele für den »Tatort«. Bekannt ist Klaus-Peter Wolf vor allem für seine Ostfriesland-Krimis, zudem ist er ein erfolgreicher Kinder- und Jugendbuchautor. Mehr über den Autor unter *www.klauspeterwolf.de*

Weitere Informationen zum Kinder- und Jugendbuchprogramm von Fischer Sauerländer auf
www.fischer-sauerlaender.de

Klaus-Peter Wolf

GANZ EHRLICH?

Felix und das wahre Leben

Band 2

FISCHER Sauerländer

Alle Bände der *Felix*-Serie:
Band 1: *Echt jetzt? Felix und das wahre Leben*
Band 2: *Ganz ehrlich? Felix und das wahre Leben*

Zu diesem Buch ist beim Argon Verlag ein Hörbuch
erschienen, das als Download und bei
Hörbuch-Streamingdiensten erhältlich ist.

Erweiterte Neuausgabe
Erschienen bei Fischer Sauerländer

Zuerst erschienen 2002 als Einzelbände unter den Titeln
Wie man aus seinem Vater einen besseren Menschen macht und
Wie man mit einem Popstar lebt, ohne verrückt zu werden

© 2024, Fischer Sauerländer GmbH,
Hedderichstraße 114, 60596 Frankfurt am Main
Die Nutzung unserer Werke für Text- und Data-Mining
im Sinne von § 44b UrhG behalten wir uns explizit vor.

Umschlaggestaltung und -abbildung: Sebastian Heidel,
unter Mitarbeit von Dahlhaus & Blommel Media Design, Vreden
Satz: Pinkuin Satz und Datentechnik
Druck und Bindung: GGP Media GmbH, Pößneck
ISBN 978-3-7373-4355-8

Ganz ehrlich?
Felix und das wahre Leben

Erster Teil

1

Ein bisschen Mist machen kann jeder. Das ist nicht schwer. Aber wenn man richtig Scheiße bauen will, dann kauft man sich am besten einen Computer.

Meine Mama hat sich einen sehr großen, schnellen, ganz modernen Rechner angeschafft. Jetzt geht mir das Ding nicht mehr aus dem Sinn. *Nicht umsonst bin ich der größte Lügner aller Zeiten. Ich kläre Probleme nicht mit Gewalt, sondern mit einer geschickten Verdrehung der Wahrheit. Computer oder Handys sind also wie gemacht für mich, denn bessere Lügenmaschinen gibt es nicht.*

Ich habe vor abzuhauen. Noch heute Abend. Ich lass das nicht mit mir machen. Die Müller-Supente vom Jugendamt, Herr Schüller, der Psychologe, und meine Mama wollen mich von meinem Papa wegholen. Im Grunde haben sie mit allen Vorwürfen recht. Er hat nicht den geringsten Sinn für Ordnung und ist stinkfaul. Wenn er Arbeit riecht oder Probleme, macht er einen Riesenbogen darum. Sie nennen ihn *bindungsunfähig, arbeitsscheu und asozial.*

Seit meine Eltern sich getrennt haben, wohne ich abwechselnd einen halben Monat bei meiner Mutter, in der ordentlichen Wohnung über ihrem Friseurgeschäft in der Bergisch-Gladbacher Straße, und einen halben Monat bei meinem Vater in seiner »überdachten Müllhalde« – Zitat Mama – ein paar Straßen weiter.

Das Leben mit meinem Pa ist echt nicht immer schön. Ich muss mich, wenn ich bei ihm bin, um alles selber kümmern. Wenn ich meine Sachen nicht selbst wasche, bleiben sie schmutzig. Wenn ich mir nichts zu essen mache, bleibe ich eben hungrig.

Ja, alles, was sie ihm vorwerfen, stimmt. Aber eins vergessen sie dabei: Das Leben mit ihm macht einfach Spaß. Er nörgelt nicht dauernd an mir herum, und wenn es was zu erleben gibt, ist er dabei. Er kann mir zwar nicht bei den Matheaufgaben helfen, aber er spielt wunderbar Saxophon, hat die beste Horrorvideosammlung der Stadt und Zeit für mich, viel Zeit. Normalerweise wenigstens. Jetzt gerade nicht, denn er ist mit seiner Band auf Tour. Ich habe seinen Tourneeplan einigermaßen im Kopf. Die *Piraten* müssten heute in Königstein spielen und morgen in Herborn.

Zum Glück ist Mama heute Mittag mit ihrem neuen Freund Robert zu irgend so einer Kunstausstellung gefahren. Natürlich sollte ich mitkommen, aber ich habe Bauchkrämpfe vorgetäuscht. Das ist eine meiner leichtesten Übungen. Wer ein guter Lügner sein will, muss auch schauspielern können. Die beste Lüge nutzt nichts, wenn man sie nicht auch glaubhaft rüberbringen kann.

Mama hat mir noch einen Kamillentee gekocht und einen Teller mit Zwieback hingestellt. Sie hat schon zwei Mal von unterwegs angerufen und sich erkundigt, ob es mir besser geht. Beim letzten Anruf habe ich ihr vorgegähnt, wie müde ich sei, und dass ich mich jetzt doch lieber gesund schlafen möchte.

Auch Ulf, mein ergebener Sklave, hat schon drei Mal angerufen. Doch ich habe Wichtigeres zu tun und musste ihn barsch abwimmeln. Ulf hat seinen Titel als amtierender Stadtmeister im Boxen nur mir zu verdanken und überschüttet mich jetzt natürlich mit seiner Dankbarkeit. Lügen sind etwas Wunderbares, wenn sie am Ende zu Wahrheiten werden. Aber wie soll ich jemals erfüllen, was ich ihm versprochen habe? Er glaubt, dass ich ein HOJURANI-Meister bin und die Gabe habe, die Gedanken von Menschen zu lesen und zu beeinflussen. Mit dieser Lüge habe ich den größten Schläger unserer Schule lammfromm gemacht. Er folgt mir wie ein gut erzogener Bernhardiner, ständig will er mich retten. Ich habe ihm gesagt: Wenn er ein Jahr lang mein ergebener Sklave ist, werde ich meine Gabe auf ihn übertragen und ihn auch zu einem HOJURANI-Meister machen. Wie ich da rauskomme, weiß ich noch nicht. Aber ich habe ja noch ein paar Monate Zeit.

Gepackt ist schon alles: mein hellblauer Schlafsack, zwei paar Socken, zwei Unterhosen, zwei Hemden, eine Zahnbürste, eine halbe Tafel Schokolade, ein Taschenbuch mit Gruselgeschichten. Die Wolldecke mit den Teddybären drauf könnte zwar nützlich sein, aber ich lasse sie lieber hier. Ich will mich doch nicht mit so einem Kinderkram blamieren.

Ein paar Euro für eine Fahrkarte und ein Abendessen wären ganz gut, doch das habe ich wohl mit Pa gemeinsam: Ich bin ständig pleite. Ich stecke wenigstens mein Handy ein, obwohl die Prepaid Card seit Monaten leer ist. Man weiß ja nie.

Und jetzt muss ich Mama noch ein Problem hinterlassen. Eins, das groß genug ist, um sie von mir abzulenken. Mein Papa ist ständig gehetzt von Mietrückständen, eifersüchtigen Frauen, Ämtern, die ihm Arbeit vermitteln wollen, gesperrten Kreditkarten und gepfändeten Bankkonten. Der hat überhaupt keine Zeit, sich in mein Leben einzumischen.

Bei meiner Mama hingegen läuft immer alles so erschreckend glatt. Darum hat sie viel zu viel Zeit, sich um mich zu kümmern. Wenn die Erwachsenen keine eigenen Probleme haben, fangen sie an, sich ihren Kindern zu widmen – und das muss ich verhindern. Bevor ich abhaue, werde ich also dafür sorgen, dass Mama beschäftigt ist. Sie soll keine Zeit haben für Gespräche mit Psychologen vom Jugendamt und gut gemeinte Pläne für meine Zukunft.

Um meine Mama eine Weile von mir abzulenken, reicht es nicht, dass ich eine Flasche Milch auf dem teuren Perserteppich verschütte. Es reicht auch nicht, eine Rolle Klopapier in den Abfluss zu schieben, um das Rohr zu verstopfen. O nein. Hier muss was Größeres her. Etwas, womit man richtig Stress machen kann. Und da ist ein Computer genau das Richtige.

Ich bin zwar ein Meister im Lügen und auch für diese Gelegenheit würde ich sicher eine gute Lüge finden, aber diesmal brauche ich etwas wirklich Gewaltiges. Diesmal werde ich mit Hilfe der modernen Technik zuschlagen und den Computer als Lügenmaschine einsetzen.

Der neue PC von meiner Ma steht in ihrem Friseursalon. Damit verwaltet sie ihre Kundinnen. Als Erstes muss ich den Zugangscode knacken, ohne den man nicht ins

Programm kommt. Es muss ein Wort sein, das sie nicht so leicht vergisst. Wie wär's mit meinem Namen? – Felix.

FELIX

Auf dem Bildschirm erscheint:

DAS SYSTEM KONNTE SIE NICHT ANMELDEN

Ich soll überprüfen, ob das Kennwort richtig ist oder ob ich mich vielleicht vertippt habe.

Schade. Hätte mir gefallen, wenn sie meinen Namen benutzt hätte. Aber vielleicht ist es ja mein ganzer Name?

FELIX SCHNUPFEN

DAS SYSTEM KONNTE SIE NICHT ANMELDEN

Ihr Geburtsdatum?

13.11.1961

DAS SYSTEM KONNTE SIE NICHT ANMELDEN

Hm. Was dann?

Ich gebe nacheinander den Namen von meinem Papa ein, den von Mamas neuem Freund, von ihrer meistgehassten Freundin und dann habe ich den rettenden Gedanken: Falls sie sich nicht gerade damit beschäftigt, dass ich werden könnte wie mein Vater, schimpft sie über ihn.

Der Zugangscode könnte also eins ihrer speziellen Schmuseworte für ihn sein.

Ich versuche es mit ihrem Lieblingskosenamen:

VERSAGER

DAS SYSTEM KONNTE SIE NICHT ANMELDEN

Vielleicht ist es länger.

MIESER VERSAGER

Ja, so nannte sie ihn meistens.

DAS SYSTEM KONNTE SIE NICHT ANMELDEN

Ich versuche noch: »unrasierter mieser Versager«, »Urviech« und »Steinzeitmensch«.

Dann blinkt es in meinem Gehirn auf wie das Licht eines Leuchtturms. »Tier«! Ja. Du Tier, du! Das hat sie oft zu ihm gesagt.

Ich tippe es ein und – siehe da – man soll die Hoffnung nie aufgeben. Wahrscheinlich liebt sie ihn einfach immer noch. Hätte sie sonst dieses Codewort gewählt? Tier. Damit sie immer an ihn denken muss.

Ich bin sofort im Programm, in der Kundendatei meiner Ma. Bei ihr ist der Kunde wirklich König. Nein, da sie ja ein Friseurgeschäft leitet, müsste ich wohl eher sagen, bei ihr wird die Hausfrau zur Prinzessin. Wenn eine Kundin in ihren Laden kommt, soll sie sich wohl fühlen. Mama will ihr den Eindruck vermitteln, sie sei etwas Besonderes. Eine neue Frisur kriegt sie überall. Bei meiner Mama bekommt sie Aufmerksamkeit und Anerkennung. Deshalb müssen meine Mama und ihr gesamtes Personal immer über alles genau Bescheid wissen. So möchte eine Kundin, die gerade geschieden wurde, beim Betreten des Ladens nicht sofort danach gefragt werden, wie es ihrem Mann geht. Eine, die gerade frisch verliebt aus dem Urlaub zurückgekommen ist, will aber natürlich erzählen, wie es war.

Mir gegenüber ist meine Mama eine ganz miese Lügnerin. Ich merke immer gleich, wenn sie mir einen Bären aufbinden will. Aber bei ihren Kundinnen, da ist sie im Training. Das beherrscht sie. Niemals würde sie einer Kundin, die sich für ihren fünfzigsten Geburtstag schön machen lässt, auch zum Fünfziger gratulieren. Nein, meine Mama gratuliert ihr garantiert zum Vierziger.

Wer viel lügt, muss sich viel merken. Man braucht im Kopf quasi eine ganze Datenbank. Die hat meine Mama jetzt in ihrem Computer. Da steht alles über ihre Kundinnen drin. Alles, was eine gute Friseurin wissen muss: Geburtsdatum, Tag der Eheschließung, Tag der Scheidung, Tag der zweiten Eheschließung, ob die Kinder aufs Gymnasium gehen oder ob man besser nicht nach ihnen fragt. Urlaubsziele, Lieblingsfarben, Lieblingsschauspieler. Und da steht natürlich auch alles, was die werten Kundinnen nicht leiden können.

Zu ihrem Geburtstag erhält jede Kundin eine Glückwunschkarte von Mama mit einer Einladung zu einer kostenlosen Kosmetikberatung. Ich habe mal gehört, wie

Mama zu einer Kollegin sagte: »Sie kommen fast alle. Nur selten lässt eine weniger da als 150 Euro. Die meisten nehmen das komplette Programm. Denn wann wird eine Frau schon so extrem daran erinnert, dass sie nicht jünger wird, sondern älter, wenn nicht an ihrem Geburtstag.«

Ja, so sind sie, die Erwachsenen: freundlich, verlogen und geldgierig. Und unsereins soll von ihnen lernen wahrheitsliebend und bescheiden zu sein. Um diese Tricks der Erwachsenen zu durchschauen, braucht man wirklich kein Professor zu sein, dafür reicht sogar der IQ von Ulf. Kein wahrer Meister lässt sein Gegenüber merken, dass es gerade verladen wird. Wer solche grundlegenden Fehler macht, ist als guter Lügner schon disqualifiziert.

Ich habe nicht mehr viel Zeit. Ich werde also einfach allen Kundinnen von Mama zum Geburtstag gratulieren. Sie haben zwar nicht Geburtstag, aber wer lehnt schon eine kostenlose Kosmetikberatung ab? Wenn sie kommen, um sich beraten zu lassen, wird Mama sie sicher nicht nach Hause schicken, denn ihr Satz klingt mir noch in den Ohren: »Nur selten lässt eine weniger als 150 Euro da.« Wird sie losziehen und mich suchen, wenn sie die Möglichkeit hat, dreißig Kundinnen zu bedienen und dabei 4500 Euro zu verdienen?

Ich werde auf jeden Fall eine Menge Zeit gewinnen. Und darum geht es mir ja. Jede Stunde ist wichtig. Ich will zu meinem Papa und ich werde versuchen aus ihm einen anständigen Menschen zu machen. Jawohl. Einen vorbildlichen Staatsbürger.

Es sind 217 Stammkundinnen in der Kartei und der Computer würde mir die Postkarten auf Wunsch sofort

14

ausdrucken. Aber da gibt es noch ein kleines Problem: das Porto. Eine E-Mail-Adresse haben 119 Kundinnen. Denen schicke ich die Karte gleich ins elektronische Postfach. Und die anderen? – Nun, wenn sie schon eine kostenlose Kosmetikberatung bekommen, dann brauchen sie nicht auch noch eine kostenlose Postkarte. Dahin, wo die Briefmarke gehört, male ich mit dem Grafikprogramm eine selbst entworfene Marke mit einem freundlich grinsenden Gesicht in Comic Sans MS kursiv:

Nicht alle von ihnen werden sich hocherfreut die kostenlose Kosmetikberatung abholen. Einige werden echt sauer sein, weil ich im letzten Moment noch beschlossen habe, sie alle per Mausklick um fünf Jahre älter zu machen. Die meisten haben ihr Geburtsdatum sowieso falsch angegeben und sich ein paar Jährchen jünger gemacht. Das rücke ich nur gerade.

Der Drucker ist so neu, dass er die Postkarten mit leisem Surren schnell hintereinander ausdruckt.

Da ich schon mal im E-Mail-Programm bin, könnte ich natürlich gleich weiterschreiben. Zum Beispiel an meinen Sklaven, den neuen Stadtmeister im Boxen, Professor Ulf Nase. Ich könnte ihm die Freiheit schenken und gestehen, dass ich gar kein HOJURANI-Meister bin und ihm folglich all das, was er von mir lernen will, auch nicht beibringen kann. Aber damit lasse ich mir besser noch ein paar Monate Zeit …

Nein, ich werde niemandem sonst etwas mitteilen. Auch meiner Freundin Susi, die übrigens vor der ganzen HOJURANI-Geschichte Ulfs Freundin war, werde ich keinen Abschiedsbrief schreiben. Schließlich haue ich nicht für immer ab, sondern fahre meinem Vater nach, um aus ihm einen ordentlichen Menschen zu machen. Einen, der vor den Augen meiner Lehrer, meiner Mutter und dem Jugendamt standhalten kann. Dann werde ich zurückkommen und ein ganz normales Leben führen können. Vielleicht sogar mit Mama und Papa in einer Wohnung.

Nun könnte man behaupten, jetzt belügst du dich wieder selbst, Felix. Aber Vorsicht! Als größter Lügner aller Zeiten weiß ich Träume von Lügen zu unterscheiden. Manchmal muss man lügen, damit Träume sich verwirklichen können. Wenn man nicht lügt, bleiben die Träume sowieso nur Träume.

Um meine Eltern wieder zusammenzubringen, brauche ich eine besonders große Lüge. Oder aber viele kleine, die dazu führen, dass alles in anderem Licht erscheint. Wenn ich meinen Papa zu einem anständigen Menschen gelogen habe, wird alles schon viel einfacher. Dann muss ich nur noch aus meiner Mama eine ausgeflippte Tussi machen …

Ja, ich werde es versuchen. Heute beginnt ein neues Leben. Ich werde aus meinem Papa einen Mann machen, der meiner Mama gefällt. Ich, Felix Schnupfen. Der größte Lügner aller Zeiten. HOJURANI

2

Es ist Sonntagabend und an der S-Bahn-Station Dellbrück ist nichts los. Ich werfe meine letzten zwei Euro in den Fahrkartenautomaten. Bis zum Hauptbahnhof kostet es einsfünfzig und wenigstens für diese Strecke will ich eine Karte lösen. Wie ich bis Frankfurt und dann weiter nach Königstein komme – da muss ich mir eben was einfallen lassen. Nicht umsonst bin ich der größte Lügner aller Zeiten. Aber hier in der S-Bahn sind die Kontrollen scharf. Besonders abends. Sie gehen immer zu zweit durch den Zug und gucken wie im Western, wenn der Held in die Stadt kommt, um den Tod seiner Eltern zu rächen. Die Hände baumeln offen neben dem Gürtel, damit sie schneller ziehen können. Nur da, wo bei den Westernhelden die Pistolen stecken, haben die Kontrolleure Handys und Kugelschreiber.

Leider bin ich an einen dieser Automaten geraten, die gerne Geld annehmen, dann aber dafür nichts ausspucken. Es kommt keine Fahrkarte raus und er gibt auch kein Geld zurück. Statt fünfzig Cent Wechselgeld und einem Fahrschein habe ich jetzt gar nichts mehr. Ich schlage gegen den Automaten. Nun tut auch noch meine rechte Hand weh.

Die Bahn fährt um 19.58 Uhr. Also habe ich noch ein

paar Minuten und mache mich erst mal auf die Suche nach einem Briefkasten. Ich will nicht länger mit dem Stapel Geburtstagskarten herumlaufen. Da hinten neben dem Parkhaus, wenn man am Italiener vorbeiläuft und dann in die kleine Seitenstraße reinläuft, hat die Post einen Briefkasten versteckt.

Ich biege um die Ecke und da kommen sie mir entgegen: die besten Polizisten unseres Landes. Nein, natürlich keine echten. Schauspieler! Ich kenne sie alle aus *Die Wache*. Mein Papa guckt die Serie nicht, weil ihm da zu wenig Blut vorkommt. Da sind sie: Bernd Jäger van Boxen, Patrick Bach, Alexander Kiersch und Ingo Brosch. Bernd gefällt mir am besten. Er hat im Gegensatz zu allen anderen immer die Krawatte so locker am Hals hängen, obwohl er der Leiter der Wache ist. Der liebe Polizist Ulf Schelling. Na, für den Namen kann er ja nichts.

Deswegen liebe ich diese Stadt so sehr: Hier wird an jeder Ecke gedreht, überall sieht man Schauspieler und Regisseure. Direkt hinter dem Dellbrücker S-Bahnhof gehen Bernd und seine Truppe täglich ein und aus.

Die anderen steigen jetzt in einen roten Sportwagen. Sie fragen, ob sie ihn mitnehmen können, doch er winkt ab.

Ich sehe zu, dass ich meine Postkarten loswerde, dann renne ich zur S-Bahn zurück. Bernd Jäger van Boxen steigt vorne ein, ich hinten.

Zwei Kontrollsheriffs kommen direkt auf mich zu. Anscheinend glauben sie, in meinem Fall wieder mal einen Schwarzfahrer erwischt zu haben. Sie nicken sich zu und bewegen sich siegessicher in meine Richtung.

Ich stehe ganz ruhig da, weil ich ja ein gutes Gewissen habe. Ich muss keine Lüge erfinden. Ich kann bei der Wahrheit bleiben. Eine innere Stimme sagt mir noch: Die Wahrheit hat dir im Leben nie viel eingebracht, Felix. Aber ich will nicht so sein und ihr eine Chance geben.

Ich mach mal auf cool und kumpelhaft: »He Jungs, gut, dass ich euch erwische! Ich kriege noch fünfzig Cent von euch.«

Darüber können die beiden nicht lachen. Ungläubig schauen sie mich an. Dann fällt dem mit der großen Nase wieder ihre eigentliche Aufgabe ein: »Fahrschein!«, sagt er und es klingt ziemlich energisch. Fast so wie: Feueralarm!

»Genau«, sage ich. »Das ist ja das Problem.«

Der mit der großen Nase zückt schon den Bleistift.

»Also, Jungs«, versuche ich die beiden einzuwickeln, »ich will kein großes Theater machen. Ich bin ja kein Unmensch. Gebt mir die fünfzig Cent wieder und die Sache ist für mich erledigt.«

Bernd Jäger van Boxen sitzt hinten in der Ecke. Er hat den Kragen seiner Lederjacke hochgeschlagen. Die Jacke ist innen mit so einer Art Schafsfell gefüttert. Entweder hat er auch keinen Fahrschein oder er will nicht erkannt werden. Aber jetzt schielt er interessiert über den Kragen zu mir herüber. Vielleicht entdeckt er mein schauspielerisches Talent. Wer weiß, möglicherweise bekomme ich bald eine Gastrolle in der *Wache*. Ich kann mir die Überschrift in der Zeitung schon vorstellen:

JUNGE REISST VON ZU HAUSE AUS UND WIRD FILMSTAR!

Ich erkläre den beiden Helden das Ganze noch einmal in Ruhe, so, als würde Frau Flamme, meine Bio-Lehrerin, einem den Magen der Kuh beibringen.

Jetzt müsste ich wirklich HOJURANI-Meister sein und die Gedanken der beiden Schnelldenker beeinflussen können. Das würde mir eine Menge Ärger und Energie sparen.

Aber die schnallen es nicht. Ich fange also noch mal von vorn an. Ich erkläre ihnen, dass es in Dellbrück keinen Fahrkartenschalter gibt, sondern nur Automaten.

»Da wirft man oben das Geld rein. Dann drückt man einen bestimmten Code, für Köln, Hauptbahnhof, zum Beispiel die 2000. Danach ist das Geld weg und unten kommt ein Fahrschein raus. So sollte es zumindest sein.«

Die beiden schauen mich verständnislos an.

»Könnt ihr mir folgen?«, frage ich.

Sie nicken.

»Na also. Und deswegen bekomme ich von euch noch fünfzig Cent. Ich hab zwei Euro in den Automaten geworfen und es kostet nur einsfünfzig.«

Der eine will schon nach hinten greifen und sein Portemonnaie ziehen, da stupst ihn Großnase in die Seite.

»Soso. Der Automat funktioniert nicht.«

Ich bestätige: »So ist es.«

»Was meinst du, wie viele Leute uns heute schon den gleichen Mist erzählt haben?«

»Da freue ich mich aber. Seht ihr, dann muss es ja stimmen, wenn die anderen das Gleiche sagen.«

»Was sollten die uns sonst erzählen? Dass sie einfach

keine Lust hatten, einen Fahrschein zu kaufen? Dass sie das aus politischen oder religiösen Gründen ablehnen?«

»Ich hätte ja gerne einen Fahrschein gezogen, aber …«

»Das kostet dreißig Euro, *Kurzer*.«

Jetzt reicht's. Kurzer darf keiner zu mir sagen, da hört der Spaß auf. Mein Geduldsfaden reißt und ich schnauze die beiden Kontrollettis an: »Das ist doch nicht euer Ernst! Ich kriege eigentlich von euch fünfzig Cent und dafür wollt ihr jetzt von mir dreißig Euro kassieren?« Ich tippe mir gegen die Stirn. »Nee … So läuft das nicht.«

Langsam sehe ich, wohin mich die Wahrheit mal wieder gebracht hat. Da bin ich genau wie mein Vater. Der wird auch aus Schaden niemals klug. Was ist eigentlich das Tolle an der Wahrheit, dass man es immer wieder mit ihr versucht, obwohl man damit doch ständig Schiffbruch erleidet? Wenn ich gelogen habe, ist immer alles glatt gelaufen.

Großnase schickt seinen Kollegen zu zwei Fans von Borussia Dortmund, die wohl den Anschluss an ihre Hooligan-Gruppe verloren haben und nun aus Angst ihre gelb-schwarzen Trikots verstecken: »Nimm dir die mal vor. Mit dem hier werd ich auch alleine fertig.«

Der ist vielleicht ein Optimist. »Wenn Sie mir mein Geld nicht geben, rufe ich die Polizei!«, drohe ich.

Er stöhnt, als sei ihm gerade klar geworden, dass seine Schwiegermutter morgen Früh zu Besuch kommt.

Großnase fragt mich, ob ich Lust hätte, eine Nacht auf der Wache zu verbringen.

»Klar, gerne. Warum denn nicht. Ich könnte ja gleich

mit Ulf Schelling mitgehen.« Ich zeige auf Bernd Jäger van Boxen. Der verzieht sich jetzt noch tiefer in seine Jacke. Er sitzt da wie der Wolf im Schafspelz.

»Es reicht jetzt, *Kurzer!*«, brüllt mich der Kontrolleur an. »Ich lass mich nicht länger von dir verarschen!«

Diesmal überhöre ich das »Kurzer« großzügig.

»Nein, ich sage die Wahrheit! Das ist wirklich Bernd Jäger van Boxen.«

Ein bisschen mache ich ihn wohl unsicher. Inzwischen sind wir schon fast in Mülheim. Er geht zu Bernd hin und fragt: »Kann ich mal Ihren Fahrschein sehen?«

Bernd sieht auf und schaut ihn an. Großnase springt einen Schritt zurück, als sei er an eine Stromleitung gekommen. »Tatsächlich! Tatsächlich! Er ist es! Manni, guck mal hier! Ulf Schelling von der Wache! Herr Boxen, darf ich von Ihnen vielleicht … Also, würden Sie mir bitte … Sie wissen ja gar nicht, wie sehr meine Frau Sie verehrt … Könnte ich vielleicht ein Auto…«

»Sie meinen, ein Autogramm?«, fragt Bernd.

Lächelnd unterschreibt Bernd Jäger van Boxen ein Foto und gibt es ihm. Großnase steht glücklich grinsend da. »Dass Sie mal mit unserer Bahn fahren, hätte ich nie gedacht …«

Die Bahn hält in Mülheim. Bernd drückt auf den Türöffner und steigt aus. Die beiden folgen ihm. Sekunden bevor die Bahn anfährt, springt Bernd wieder rein. Sie stehen da und winken. Vielleicht wollten sie wirklich aussteigen. Vielleicht hat sein Auftritt sie auch nur zu sehr verwirrt.

Ich weiß nicht ganz, was ich davon halten soll. Hat er

mich jetzt davor gerettet, dreißig Euro Strafe zu bezahlen, oder hat er mich um meine fünfzig Cent gebracht?

Bernd setzt sich wieder hin und tut, als sei nichts gewesen. Schon stehe ich neben ihm. »Ulf ...«, sage ich. »Oder soll ich Sie lieber mit Herr van Boxen anreden?«

Er antwortet gar nicht. Er sieht mich nur an.

»Ich ... ich krieg noch fünfzig Cent von denen.«

»Kann ja sein. Aber du bist doch auch froh sie los zu sein, oder nicht?«

Ich nicke. »Bitte, verraten Sie mir eins. Sie hatten doch auch keinen Fahrschein, oder?«

Wieder schaut er mich nur stumm an und lächelt vieldeutig.

Ich will ihn noch so viel fragen, doch mein Kopf ist plötzlich völlig leer. Ich habe mindestens fünfzig Folgen seiner Serie gesehen, kann mich aber im Augenblick an keine erinnern.

In Deutz steigt er aus und winkt mir noch einmal zu.

Köln, denke ich, ist eine wundervolle Stadt!

3

Im Kölner Hauptbahnhof haben so spät abends immer noch eine Menge Geschäfte offen. Es riecht, als hätten sich hier die Köche der Welt ein Stelldichein gegeben. Selbst die Geschmäcker von so unterschiedlichen Menschen wie meiner Mama und meinem Papa könnten hier befriedigt werden. Ich stelle mir vor, wie meine Mama am Fruchtstand einen frisch gepressten Saft trinkt und dabei mit spitzen Fingern ein Vollkornbrötchen mit Tofu und Salat hält. Für Papa gibt's direkt gegenüber Rindswurst mit scharfem Senf und ein Bier dazu. – Wie konnten zwei so unterschiedliche Menschen überhaupt zusammenfinden? Und wie soll ich erreichen, dass sie sich wenigstens nicht mehr jedes Mal angiften, wenn sie heute aufeinandertreffen?

Ich habe jetzt ziemlichen Hunger, aber leider ist keiner von beiden da. Gern würde ich drüben bei Nordsee eine Scholle essen. Am liebsten in Senfsoße mit Kartoffeln, aber dazu fehlt mir das nötige Kleingeld. Außerdem brauche ich erst mal eine Fahrkarte nach Königstein. Schließlich kann ich kaum damit rechnen, dass mir wieder ein Fernsehstar wie Bernd Jäger van Boxen im Zug begegnet und mich raushaut.

Nun, auch ich bin nicht als Meister in der Kunst des

Lügens auf die Welt gekommen. Ich bin zwar ein Natur-
talent, aber ich hatte natürlich meine Vorbilder, von denen
ich mir einiges abgeschaut habe. Ich brauche gar nicht
lange zu überlegen. Am besten wird mein Pa mit solchen
Situationen fertig. Ich weiß genau, was er jetzt tun würde.
Ich habe es oft miterlebt. Er würde sich nach einer Frau
umsehen, eine ohne männliche Begleitung.

So eine wie die da zum Beispiel, die bei Nordsee gerade
die Zwiebeln von ihrem Brathering schiebt und dann lust-
los in seiner Haut herumstochert. Sie schaut gar nicht auf
den Teller. Sie hat den Kopf gesenkt, als würde sie auf den
Fisch gucken. In Wirklichkeit beobachtet sie die Umge-
bung. Sie wartet sicher auf jemanden, der jetzt mindestens
schon eine Viertelstunde zu spät dran ist. Falls der gleich
doch noch kommt, wird sie so tun, als sei ihr gar nicht
aufgefallen, wie spät es ist. Sie ist wütend und verletzt.
Was sie braucht, ist Aufmerksamkeit. Die würde mein
Papa ihr geben. Was spielt es dabei noch groß für eine
Rolle, dass er kein Geld im Portemonnaie hat, um den
Kaffee zu bezahlen, den er gleich mit ihr trinken wird,
und anschließend die Kinokarten.

Mama wirft mir immer wieder vor, dass ich wie mein
Papa bin. Jetzt hoffe ich, dass sie recht hat.

Mir fällt, was nur sehr selten passiert, diesmal wirklich
keine bessere eigene Lüge ein und deshalb werde ich also
genau das versuchen, was mein Papa die »Bogart-Nummer« nennt. Das ist aus irgend so einem alten Schnulzen-
film, der regelmäßig im Fernsehen wiederholt wird. Mein
Pa steht da zwar eigentlich nicht drauf, aber den musste er
sich immer mit Mama zusammen anschauen. Und wäh-

rend *sie* beim Happy End vor Rührung heulte, hat *er* sich die Tricks vom alten Bogart gemerkt.

Pa hat viele seiner Lügen aus Filmen. Das ist einfach, denn so muss er sie nicht selber erfinden, sondern kann sie sich bequem abgucken. Vielleicht werde ich später mal Drehbuchschreiber oder Regisseur. Beim Film könnte ich es bestimmt weit bringen, denn nirgendwo sonst wird so viel gelogen.

Wenn Papa die Bogart-Nummer abzieht, hat er dabei natürlich eine Zigarette locker im Mundwinkel hängen. Ohne Zigarette geht es nicht – und es muss eine filterlose sein.

Ich schaue mich um. Da hinten stehen zwei Punks. Der eine schnippt den Stummel seiner Selbstgedrehten auf den Boden. Ein Punk tritt seine Zigaretten nie aus, nur Spießer tun das. Er grinst, als ich sie aufhebe: So gewinnt man Freunde. Es ist nicht mehr viel Tabak in dem Ding und es brennt richtig an meinen Lippen, aber für den kurzen Auftritt wird es reichen.

Ich trete in den Blickwinkel der Dunkelhaarigen.

Schon taxiert sie mich. Sie tut, als würde ich sie nicht interessieren, aber das entmutigt mich nicht, denn ich weiß von meinem Pa: So verhalten sie sich immer.

Ich kämme mir noch schnell mit den Fingern durch die Haare und beginne meine Bogart-Nummer mit dem Satz: »Schau mir in die Augen, Kleines.«

Und tatsächlich schaut sie mich an. Sie schiebt den Oberkörper etwas vor, vergisst völlig ihren Brathering.

Na bitte, denke ich. Ich habe gewonnen.

Sie kneift die Augen zusammen.

Im Zigarettenstummel knistert es. Der Qualm steigt mir in die Augen. Ich muss den Schwelbrand von meinen Lippen pflücken, bevor sie anbrennen.

Sie steht jetzt vor mir, beugt sich zu mir runter, berührt zärtlich mein Gesicht und haucht: »Du hast was in den Augen, Kleiner?« Sie streichelt über meine Wange. »O Gott, du weinst ja richtig. Ist das Heuschnupfen? Ich kann den Pollenflug auch nicht vertragen. Oder hast du was ins Auge gekriegt? Damit darf man nicht spaßen.« Sie holt meinen Kopf zu sich heran, zieht meine Augenlider weit auseinander und sucht darin nach einem Fremdkörper.

Ich bin mir jetzt nicht ganz sicher, ob Papas Methode völlig fehlgeschlagen ist oder funktioniert hat. Jedenfalls will sie wissen, wie ich heiße.

»Felix. Felix Schnupfen. Schnupfen wie Husten. Nur ohne Keuchen.« Ich gebe ihr die Hand, als sei sie eine wichtige Kundin in Mamas Laden.

»Was, Keuchhusten hast du auch noch?«

»Nein, ich heiße so.«

»Mir ist auch heiß. Das Wetter macht mir echt zu schaffen. Setz dich doch.«

Mein Papa hat mir mal gesagt, es gibt Situationen im Leben, denen muss man sich einfach überlassen. Man kann nicht alles steuern und dirigieren. Das tun nur unsichere oder ganz herrschsüchtige Menschen. Manchmal überlässt man sich besser dem Leben wie ein treibender Baumstamm dem Fluss.

Ich weiß nicht genau, was er damit meinte, aber ich versuche das jetzt. Diese Frau versteht mich nicht. Egal was ich sage, es kommt bei ihr falsch an. Vielleicht hat Papa ja recht, wenn er behauptet, Männer und Frauen verständen sich nicht.

»Ist dein Auge jetzt besser?«

»Ja, ja, danke, es geht schon.«

Sie bietet mir etwas von ihren Augentropfen und ihrem Nasenspray an. Ich lehne zwar ab, aber sie hat meinen Kopf schon treusorgend nach hinten gebogen und träufelt mir dieses Zeug in die Augen.

»Weißt du, wenn die Pollen so fliegen, schlägt mir das auf die Schleimhäute. Ich kann dann schlecht sehen, schlecht hören und befinde mich wie unter einer Käseglocke.«

»Ich muss jetzt gehen. Ich verpasse sonst meinen Zug. Ich will nach Frankfurt.«

»Nach Frankfurt? Ich muss auch nach Frankfurt. Da hast du noch Zeit. Fährst du alleine oder mit deinen Eltern?«

»Alleine.«

Sie schiebt mir ihren Brathering rüber. »Hast du Hunger? Ich krieg das sowieso nicht mehr runter.«

Eigentlich wollte ich ja lieber eine Scholle mit Senfsoße, aber der Brathering tut's auch.

Mensch, Papa, denke ich, du bist wirklich ein Könner. Die »Bogart-Nummer« habe ich bestimmt nicht zum letzten Mal ausprobiert, auch wenn es nicht ganz so gelaufen ist wie geplant.

Meine neue Bekannte heißt übrigens Gabi und fährt zu ihrer Freundin nach Frankfurt. Sie sitzt mir im Abteil gegenüber. Ich bedanke mich für den Brathering, indem ich sie ein bisschen bei Laune halte. Ich erzähle ihr von meinem Stress mit Mama und Papa, der ewigen Zankerei zwischen den beiden und dass ich sie beide liebe, obwohl ich gleichzeitig finde, dass sie sich ziemlich bescheuert verhalten.

Bei jeder neuen Story, die ich von Papa erzähle, winkt sie ab. »Kenn ich, kenn ich. So sind die Männer.«

Wenn es um Mama geht, macht sie mit der anderen Hand die gleiche Geste und ruft: »Wie meine Mutter! Wie meine Mutter!«

Wir verstehen uns ganz gut, obwohl ich die meiste Zeit ziemlich laut reden muss. Ich kann mir kaum vorstellen, dass ihre Schwerhörigkeit wirklich nur auf den Heuschnupfen zurückzuführen ist. Allerdings: Wenn sie niest, hält man sich besser irgendwo fest, sonst bläst es einen glatt um.

Der Schaffner lässt nicht lange auf sich warten. Er unterscheidet sich von den beiden Kontrolleuren in der S-Bahn ungefähr so sehr wie ein in der Horde jagender Neandertaler von einem Wallstreetbroker in New York. Geduldig wartet er, während ich in meinen Taschen und in meinem Rucksack nach der Fahrkarte suche. Er schlägt vor, später noch einmal wiederzukommen. Ich solle mir ruhig Zeit lassen.

Gabi ahnt natürlich, was los ist, und fragt mich, ob ich überhaupt einen Fahrschein habe. Ich versuche es mal wieder mit der Wahrheit: »Ich hätte mir beinahe einen gekauft, doch dann ging das nicht, denn ich musste die Stromrechnung bezahlen. Mein Papa hat das nicht gemacht und ...«

»Männer!«, sagt sie nur und macht wieder diese Handbewegung, die mir zeigt, dass sie all das schon kennt.

Als der Schaffner zurückkommt, löst sie für mich. Es gibt gerade irgendein Sonderangebot. So einen Mutter-Kind-Tarif. Vielleicht ist es auch, weil wir Heuschnupfen haben oder der Schaffner ein gebildeter Mensch ist. Jedenfalls zahlt sie nur den halben Preis für mich und dafür sitze ich bequem im ICE und kaue Vollmilch-Nuss-Schokolade.

Ich sage nur: die Bogart-Nummer!

4

Bei einem Open Air müssen viele Faktoren mitspielen, damit es ein Erfolg wird.

Zunächst mal das Wetter. Regen und Gewitter sind nämlich viel schlimmer als ein besoffener Leadsänger oder eine Polizeirazzia. Es macht kaum einem etwas aus, drei Stunden zu warten, bis seine Lieblingsband spielt. Aber wer wartet schon gerne drei Stunden im Regen auf den Sonnenschein?

Dann braucht man ein paar Krachmacher zum Einstimmen und schließlich eine Hauptattraktion: die Band, wegen der alle gekommen sind. Und später, tief in der Nacht, wenn die meisten schon in den Zelten liegen und nur noch ein paar Hardliner weiterfeiern wollen, dann braucht man eine Band, die lauter spielt, als die Besoffenen grölen können. Dann braucht man Jungs, die ihre Bühnenshow durchziehen, egal, ob jemand zuhört oder nicht, Jungs, die es gewöhnt sind, mehr angepöbelt zu werden als bejubelt – mit anderen Worten, dann braucht man meinen Papa und seine Freunde: Die *Piraten*.

Nach Königstein kommt man mit der S-Bahn, und dann das Festivalgelände zu finden ist ganz einfach. Da kenne ich mich aus. Gut einen Kilometer vorher erkennt man schon die ersten Autos. Eine lange Schlange Klapperkisten mit bunten Aufklebern drauf dient als Wegweiser. Es ist genau die Sorte Autos, deren Fahrer einen auch gerne beim Trampen mitnehmen. Es sind durchweg nette Menschen. Mit ihren Autoaufklebern zeigen sie, was sie von anderen unterscheidet. Zum Beispiel, dass sie für Tiere bremsen oder auch für Politiker. Einige glauben an Gott und daran, dass er Joints raucht. Für den Frieden sind sie alle, gegen Ausländer haben sie nichts, aber dafür gegen Neonazis.

Ich sehe diese schrottreifen Autos und die Aufkleber und kriege Heimatgefühle. Ja, es sind fast wehmütige Erinnerungen an meine Kindheit, als Mama und Papa noch zusammen waren. Andere haben so etwas, wenn sie einen Weihnachtsbaum sehen oder Mandelkuchen riechen. Bei mir sind es diese bunt beklebten, rostigen Kisten, der Duft von Hasch und gegrillten Bratwürsten, der über die Felder weht, und dieses ferne Dröhnen aus übersteuerten Bassboxen.

So bin ich oft eingeschlafen, den Kopf an der Brust meines Vaters. Ich hörte seinen Herzschlag mit dem einen Ohr und mit dem anderen Blues, Reggae oder Hardrock, meine Nase ins schweißdurchtränkte Baumwollhemd meines Vaters gedrückt. Da sein ganzer Körper aus Rhythmus besteht, wenn er auf solchen Konzerten ist, ist dieser Rhythmus auch in mich übergegangen.

Insgeheim hat er immer gehofft, dass aus mir auch mal ein Musiker werden würde. Einer wie er. Aber es gab da immer ein kleines Problem: Wenn ich mich einem Instrument auch nur genähert habe, konnte ich Mamas Magensäure blubbern hören. Das war natürlich nur bei bestimmten Instrumenten so. Ich hätte Geige lernen dürfen und natürlich Klavier. Aber als Atze mir zum zehnten Geburtstag ein paar Bongos überreichte, hat Mama ein Gesicht gezogen, als hätte er mir eine Anleitung zum Bombenbauen geschenkt. Noch schlimmer wäre wohl ein Saxophon gewesen.

Ich habe es meiner Mama nie angetan, ein Musikinstrument zu lernen. Sie hat wohl gespürt, dass ich das nur um des lieben Friedens willen bleiben ließ und um sie nicht zu verletzen. Deswegen machte sie mir immer wieder Angebote: Ob ich nicht in den Kirchenchor wolle oder Lust auf Blockflötenunterricht hätte …

Quer über ein paar Kuhwiesen folge ich jetzt der Musik und dem Geruch. Da piepst mein Handy. Ich kann zwar nicht senden, aber natürlich Kurznachrichten empfangen und angerufen werden. Wer simst mir denn da?

Meister, wo
bist du? Dein
treu ergebener
Sklave.

Die wissen also schon, dass ich weg bin? Wie kann das sein? Es ist fast zwei Uhr nachts. Es ist kaum denkbar, dass mein Sklave um diese Zeit noch mal versucht hat mit mir zu telefonieren oder mich zu besuchen. Es gibt nur eine Erklärung: Meine Ma hat gemerkt, dass ich nicht mehr da bin. Nun ruft sie alle an, die sie kennt und die mich kennen, und macht sie verrückt. Wahrscheinlich ist

Frau Flamme darauf gekommen, dass ich bei einem meiner Freunde sein könnte, und so ruft Mama jetzt gerade alle meine Klassenkameraden an. Das heißt, auch Susi wird in Kürze Bescheid wissen.

Genauso ist es. Sie sitzt am Computer. Ihre SMS kommen über Lycos:

Was soll das?
Wieso haust du
ab ohne mir
was zu sagen?
(powered by
www.lycos.de)

Hast du eine
andere? Alle
haben mich
gewarnt.
(powered by
www.lycos.de)

Du bist wie
dein Vater!
Melde dich
sofort oder
es ist aus
mit uns.
(powered by
www.lycos.de)

Ich würde ja gerne zurücksimsen, aber wie? Meine Karte
ist leer.

Da meldet sich mein ergebener Sklave:

Meister, wo immer
du dich jetzt
befindest. Ich
werde jeden
Befehl ausführen.

Schon piepst es erneut.

Falls dir das
Handy zu
unsicher ist,
schick mir deine
Befehle per
Gedankenübertragung.
Ich bin ganz offen
und warte!
HOJURANI

Ich kann mir gut vorstellen, wie der Blödmann jetzt da-
sitzt. Bestimmt hat er seine Sachen schon gepackt. Der
Jünger will seinem Meister folgen. Er meditiert auf seinem
Krieg-der-Sterne-Teil-III-Kopfkissen und wartet darauf,
dass in seinem hohlen Hirn ein Gedanke aufblitzt. Wenn
das passiert, wird er mit Sicherheit annehmen, ich hätte
ihm diesen Gedanken geschickt.

Egal was jetzt passiert: Man wird mich am Ende dafür

verantwortlich machen, denn Ulf wird behaupten es in meinem Auftrag getan zu haben. Vielleicht brät er Rührei und stopft sie seiner Mutter in die Pantoffeln. Vielleicht zündet er die Schule an, erzählt allen, dass ich sein Meister bin, verkloppt irgendwen oder …

Nein, das alles wird er nicht tun. Er wird losziehen, um mich zu suchen. Mit seinem Erbsenhirn kriegt er nie raus, wo ich bin. Für Susi dagegen ist das ein Kinderspiel. Aber ihre Eltern werden sie nie weglassen. Nicht nachts und schon gar nicht zu einem Open-Air-Konzert.

Ruhig Blut, alter Junge, denke ich mir. Such jetzt erst mal deinen Vater.

Ich will das Handy gerade ausschalten, da meldet sich mein Sklave noch einmal:

Ja, Meister. Ich
habe verstanden.
Selbstverständlich.
Alles wird so
geschehen, wie
du es wünschst.
HOJURANI!
Du kannst dich auf
mich verlassen.

Nicht zum ersten Mal wünsche ich mir, wirklich HOJURANI zu können. Dann würde ich meinem Sklaven nämlich jetzt einfach befehlen brav ins Bett zu gehen, sich an sein Kissen zu kuscheln und was Schönes zu träumen.

Das ist der Unterschied zwischen HOJURANI und

der Kunst des Lügens: Lügen funktionieren bei mir immer. Wie oft schon bin ich mit einer kreativen Lüge ein Stück weitergekommen?

Nun, was auch immer Ulf anstellen wird, mir wird schon was einfallen, wenn es so weit ist. Warum sich jetzt schon darüber Sorgen machen?

Entschlossen stecke ich das Handy ein. Jetzt muss ich erst mal sehen, dass ich aufs Festivalgelände komme.

S

Von weitem könnte man annehmen, man hätte das Gelände eingezäunt und mit Stacheldraht gesichert, damit keiner raus kann. In Wirklichkeit ist das so, damit keiner rein kann ohne zu bezahlen.

Vor dem Zaun campen die, die nicht genug Geld für Eintrittskarten haben. Außerdem ist ihnen das Bier drinnen zu teuer. Sie bringen lieber ihre eigenen Kästen mit. Bei denen waren wir nie. Wir sind immer irgendwie reingekommen, auch ohne Geld. Wenn mein Papa auf der Bühne steht, wie jetzt, sowieso. Aber auch sonst.

Ich will nicht versuchen über diesen Zaun zu klettern. Dabei reißt man sich die Klamotten kaputt. Meinem untertänigen Sklaven würde es vielleicht gefallen, aus drei Metern Höhe hinunterzuspringen. Mir nicht.

Der Typ an der Kasse ist noch älter als seine Lederjacke und sein Bierbauch muss ein Vermögen gekostet haben. Bestimmt macht er auf verwegener Abenteurer, aber mit seinem Rauschebart sieht er eher aus wie ein Kuschelbär. Er hockt da und schnarcht. Neben ihm sitzt ein Mädchen in meinem Alter.

Ich will einfach durchgehen. Sie greift nach meiner Hand, als ob sie sie küssen wollte. Ich weiß natürlich genau, was sie will, schaue sie aber ratlos an. Mir ist gleich klar: Bei der wird die Bogart-Nummer nicht ziehen, die will die Eintrittskarte sehen oder Kohle.

»Stempel?!«

Ich bin langsam zu müde, um mir noch eine gute Lüge auszudenken. Also spiele ich erst mal den Doofen.

»Häh?«

»Wo ist dein Stempel? Oder hast du noch keinen? Dann krieg ich zwanzig Euro von dir.«

Jetzt mache ich zwei entscheidende Fehler: Ich lasse mich auf eine Diskussion mit ihr ein und ich unterschätze sie. So was passiert mir sonst nie. Zur Kunst des Lügens gehört nämlich auch eine gute Menschenkenntnis.

»Mein Stempel ist aufm Hintern.«

»Zeig!«

»Ich zieh mich doch hier nicht aus.«

»Guter Versuch. Dann krieg ich jetzt zwanzig Euro.«

»Mein Vater spielt oben auf der Bühne.«

»Ja, und meiner ist Bruce Springsteen höchstpersönlich.«

Ich versuche es mit einem Lächeln: »Stell dich doch nicht so an.«

»Du warst wohl noch nie auf 'nem Konzert, was?«, fragt sie bissig, aber in ihrer Tonlage hat sich bereits etwas geändert. Sie klingt nicht mehr so desinteressiert.

»Ich bin auf solchen Konzerten groß geworden.«

»Warst du auf der Loreley?«

»Klaro. Drei Mal.«

Damit gewinne ich ihr Herz jedoch trotzdem nicht. Sie hält die Hand auf, verzieht den Mund und sagt: »Dann weißt du ja, wie's läuft: Zwanzig Steine.«

Ich will einfach durchgehen, aber sie bremst mich.
»Willst du, dass ich meinen Alten wecke?«

»Warum nicht? Vielleicht ist der nicht so spießig wie du.« Jetzt habe ich sie erwischt. Das ist meine Chance. Endlich kann ich das Ganze zu meinen Gunsten umdrehen. Sofort bin ich ein Stückchen wacher.

»Du nennst mich spießig?«

Ich zeige auf ihren Vater. »Wetten, der lässt mich umsonst rein? Wecken wir ihn auf!«

»Nein, das machen wir nicht.«

»Warum nicht? Hast du Angst, dass er dich dann ins Bett schickt?«

»Äj, Kleiner, gleich lass ich dich überhaupt nicht mehr rein!«

»Ach, dürfen jetzt nur noch die Leute aufs Gelände, die du sympathisch findest?«

Sie schreit: »Nein! Nur die, die einen Stempel haben!«

»Unser Gespräch dreht sich irgendwie im Kreis, findest du nicht?«

Da sehe ich Mick mit seiner blauen Mütze und den Strubbelhaaren darunter. Ich kann ihn im Dunkeln erkennen, denn er zündet sich gerade mit seinem Sturmfeuerzeug eine Zigarette an. Ich winke. »Hey, Mick!!!«

»Du kennst Mick von den *Piraten?* Dann ist das ja doch nicht dein erstes Konzert.«

Mick hört mich tatsächlich und kommt zu mir rüber.

Plötzlich ist ein Lächeln in ihr Gesicht gezaubert.

Mick nimmt mich in den Arm und lacht: »Hey, Felix! Du hier? Weiß André das schon?«

»Nein, ist 'ne Überraschung.«

»Na, dann kommst du ja gerade richtig. Wir fangen gleich an.«

Von zwanzig Euro ist plötzlich keine Rede mehr.

Mick zieht mich mit sich.

Das Mädchen ruft hinter mir her: »Äj, Felix, warte! Ich komm mit! Ich mach die Kasse jetzt sowieso zu!«

Mick verschwindet schon wieder im Gewühl.

Auf der Bühne hämmert gerade der schwerhörige Schlagzeuger der Blue Devils seine Aggressionen in den Wind.

Rauschebarts Tochter zieht mich vor zur Bühne, wo es verdammt eng ist und man gegen die Absperrung gedrückt wird. Wer mal schnell zum Klo muss, hat keine Chance. Hier stehen nur die ganz verrückten Fans oder die Mädels, die sich einen von der Band angeln wollen.

»Ich heiße Crazy!«, schreit das Mädchen in mein Ohr und reicht mir die Hand.

Ich weiß, kein Mensch heißt wirklich Crazy, aber wenn man sich ihren Vater anschaut, kann es schon möglich sein. Ich sollte damals Sergeant Pepper genannt werden oder Yellow Submarine. Was Sergeant Pepper bedeuten soll, weiß ich nicht. Aber Yellow Submarine heißt Gelbes Unterseeboot. Ich bin ganz froh, dass Mama das verhindert hat. Zumal Papa heute gar nicht mehr so auf die Beatles steht, sondern … aber das wisst ihr ja.

»Hattest du keine Ma, die das verhindern konnte? Mein Pa wollte mich Yellow Submarine nennen.«

»Ich finde Yellow Submarine voll krass«, sagt sie. »Yellow Submarine. Das ist wenigstens ein Name. Sag bloß, du heißt lieber Felix?!«

Ich bin mir nicht sicher, ob sie mich verarscht oder ob sie das wirklich so meint. Irgendwie habe ich das Gefühl, mein weibliches Gegenstück vor mir zu haben. Sie ist wie ich. Sie ist auch so aufgewachsen. Sie kennt das alles. Diese ausgeflippten Freaks, die sich weigern zu werden, was sie sind, nämlich erwachsen. Manchmal schätzt man sie dafür und manchmal könnte man sie an die Wand klatschen.

Unsere Blicke begegnen sich. Sie gefällt mir immer besser.

Sie legt ihren Arm um mich und ich rieche, dass sie gerade eine von den Rostbratwürsten gegessen hat. Mit viel Senf.

Ihre Lachgrübchen gefallen mir und sie kann diesen Song mitsingen, obwohl ich ihn nicht mal kenne.

»Hast du eine Freundin?«, fragt sie und lächelt dabei vielsagend.

Ich schüttle den Kopf. »Nee. Ich bin zurzeit solo.«

Da zeigt sie auf mein Handy. Das Display leuchtet. »Du kriegst 'ne Mail.«

Ich will das einfach ignorieren. Was interessieren mich jetzt die Botschaften von Professor Nase? Doch sie pflückt das Handy von meinem Gürtel und drückt auf Lesen. Sie zeigt mir die Nachricht und liest gleich mit. Oh, wie ich so was hasse! Meine Mama bringt das auch. Sie meint nämlich, wir hätten keine Geheimnisse voreinander. Aber das stimmt nicht. Jeder Mensch hat Geheimnisse vor anderen.

Ich liebe dich.
Vergiss das
nicht. Wehe,
du reißt dir
ne andere auf.
Ich werd zum
Elch! Susi.
(powered by
www.lycos.de)

Crazy steckt mir das Handy an den Gürtel zurück und boxt mir dabei in den Bauch.

»Das nennst du solo, ja?«

Sie sieht aus, als ob sie mir am liebsten eine knallen würde, tut sie aber nicht. Sie lässt mich stehen und zwängt sich zwischen ein paar Lederjacken nach hinten durch.

Wahrscheinlich hat mein Papa recht. Es reicht, wenn man einer Frau Guten Tag sagt und gleich wird sie eifersüchtig auf alle, die man auch schon mal freundlich begrüßt hat.

Ich beschließe jetzt einfach hier stehen zu bleiben und auf den Auftritt von meinem Pa zu warten. Wenn er fertig ist, werde ich zu ihm gehen und ihm sagen, dass er ein neues Leben anfangen muss.

Da erreicht mich eine weitere Nachricht.

Meister – soll ich
das wirklich
tun?

O Prepaid Card Gott, was heckt der aus? Ich muss mir unbedingt eine neue besorgen, um ihm antworten zu können.

Da leuchtet schon die nächste Nachricht von Ulf auf:

Meister, wenn
du es verlangst,
werde ich es
tun! Und wenn
man mich dafür
steinigt!

6

Da die *Piraten* ihre eigenen Roadies sind, geht der Umbau sehr schnell.

Atze schließt gerade einen seiner geliebten Verstärker an.

Im ersten Schuljahr habe ich wegen Atze einige Fehler gemacht. Ich nahm seine Lebensweisheiten zu wörtlich. Zum Beispiel sagte er: »An alles, was mit F anfängt, lässt man keine anderen Männer ran. Das verschwindet nämlich zu schnell: Freundinnen, Feuerzeuge und Ferstärker.« Dass man Verstärker nicht mit F, sondern mit V schreibt, hat mir dann unsere Deutschlehrerin klar gemacht.

Neben mir stehen zwei Frauen. Die eine mit naturgewellten, langen, strohblonden Haaren, die andere mit hennagefärbtem, rotem, stufig geschnittenem Haar, die Spitzen leicht splissig. Wahrscheinlich färbt sie die Haare selber, um Geld zu sparen, benutzt ein viel zu scharfes Shampoo und in ihr Henna ist irgendeine Chemie hineingemischt, die den Wurzeln schadet. Wenn sie so weitermacht, kriegt sie eine Glatze. An der Stirn ist ihr Haar schon ziemlich dünn. Die schwarz herausgewachsenen Ansätze zeugen davon, dass sie sich schon lange nichts Gutes mehr getan hat.

Nach jahrelangem Aufenthalt im Friseurgeschäft meiner Ma fällt mir so was einfach auf, ganz automatisch, ich kann nichts dagegen tun.

Die Blonde hat rote Flecken im Gesicht, als habe sie gerade mit einem schlecht rasierten Mann geknutscht. Oder sie ist allergisch auf Pistazieneis, so wie Susi, und hat mindestens drei Kugeln davon gegessen.

Die Rothaarige ist ganz aufgeregt und zerrt an der Blonden herum. »Na, sag schon! Wie war's?«

Die Blonde schluckt und schaut auf den Boden. Sie malt mit ihren Cowboystiefeln ein Herz in die zertanzte Wiese. Wie alle Erwachsenen, die gern solche Konzerte besuchen, schreit sie, auch wenn sie glaubt zu flüstern.

»Kaum waren wir im Zelt alleine, hat er die entscheidenden drei Worte gesagt.«

»Ich liebe dich?!?!?!«

Die Blonde schüttelt den Kopf. »Nein. – ›Zieh dich aus‹!«

Die Rothaarige ist empört. Und wenn sie es nicht wirklich ist, dann spielt sie es zumindest sehr gut: »Mary, du hast doch nicht wirklich mit dem ...«

Mary schüttelt den Kopf. »Nein, natürlich nicht.« Doch dabei grinst sie zu sehr.

Jetzt ist die Rothaarige völlig fertig. »O doch! Du hast!«

»Gönnst du es mir etwa nicht, Conny?«

»Was soll Dieter dazu sagen?«

»Ach, der!«, winkt Mary ab. »Der muss es ja nicht erfahren.«

Jetzt lacht die rote Conny leicht hysterisch. »Nicht erfahren? Man sieht es dir auf zwanzig Meter Entfernung an!«

Mary wischt sich die Haare aus dem Gesicht und sucht einen Spiegel, findet aber in ihrem Täschchen nichts. Plötzlich ändert Conny ihren Gesichtsausdruck, als hätte sie sich das alles noch mal in Ruhe überlegt. Sie stupst Mary an und sagt mit ernster Miene: »Wirklich, Mary, du hast schon ewig nicht mehr so gut ausgesehen.«

Dann kichern die beiden los. Dabei erinnern sie mich sehr an die Mädchen aus unserer Schule. Sobald ihre Brüste anfangen zu wachsen, stehen sie in kleinen Grüppchen zusammen und lachen sich über Sachen schief, die unsereins nicht kapiert.

Ein großer Scheinwerfer sucht die Bühne ab und findet ihn: meinen Vater. Da steht er: André Schnupfen. Der erfolgloseste rechtsrheinische Saxophonist. Jedenfalls wenn man Erfolg an dem misst, was er mit seiner Musik verdient.

Andere Musiker probieren ihre Anlage aus, indem sie das Publikum mit Ansagen langweilen wie: »Eins, eins, eins – Montag, Dienstag, Mittwoch – eins, eins, eins.« Nicht so mein Papa. Der zählt, wenn er gut drauf ist, einfach die Namen seiner Freundinnen auf. »Simone, Gerda, Anna, Steffi, Marion, Ute, Renate …«

»Da ist er ja!«, gibbelt Mary und zeigt auf die Bühne. »Sieht er nicht süß aus?«

Ihre rothaarige Freundin kriegt vor Lachen kaum ein Wort raus. Als sie ihre Atmung wieder etwas unter Kontrolle hat, stöhnt sie: »Der ist wirklich eine Sünde wert!«

Da hat sie vermutlich recht. Es ist merkwürdig, wie sehr sich Menschen verwandeln, wenn sie von Scheinwerfern angestrahlt werden und über eine Bühne hüpfen.

»… Elvira, Petra, Birgit, Anke, Jutta, Hella, Sybille, Evelyn, Brigitte …«

In der alten Lederjacke, die Mama sogar schon mal in die Mülltonne geworfen hatte, sieht er jetzt nicht aus wie einer, der seine Stromrechnung nicht bezahlen kann und deswegen seinen Sohn ins Pfandhaus schicken muss, sondern irgendwie verwegen.

»… Karola, Ina, Beate, Ulrike, Gaby, Elke, Sabine, Bettina, Christina, Sabrina, Susi, Bärbel, Luise, Mary …«

Jetzt quietscht sie hinter mir: »Hast du gehört, hast du gehört? Er hat meinen Namen genannt! Er hat meinen Namen genannt!«

Sie hüpft auf und ab und winkt mit beiden Händen. »Huhu! Huhu! Hier steh ich! Huhu!«

Mein Pa hört sie nicht oder er ignoriert sie. Hinter ihm machen sich die *Piraten* an ihren Instrumenten zu schaffen. Atze quält den Bass. Mein Pa bläst noch die Spucke aus dem Mundstück, dann steckt er es auf sein Sax.

»Ich habe in meinem Leben einige gute Songs geschrieben …«, raunt er mit seiner Whiskystimme ins Mikrofon. Das »Hahaha« im Hintergrund und den Ruf: »Welche denn, du Angeber?« überhört er.

»… aber es gibt etwas in meinem Leben, auf das ich wirklich stolz sein kann: meinen Sohn Felix. Dieser Song ist für ihn.«

Er setzt sein Sax an die Lippen und verbiegt sich zum Fragezeichen.

»Ist er nicht wundervoll, Conny?«, fragt Mary. »Das läuft einem nur so den Rücken runter. Solche Männer gibt's nicht mehr viele. Wild. Weich. Und romantisch.«

Ja, es ist mir wirklich den Rücken runtergelaufen. Ich spüre in diesem Moment etwas sehr genau. Etwas, das ich schon immer wusste, doch jetzt sehe ich es glasklar vor mir. Mein Papa ist zwar ein Spinner, ein Kindskopf, ein Blödmann, egoistisch, selbstverliebt und arbeitsscheu. Nie wird aus ihm was werden, nie wird er seine Rechnungen bezahlen können. Aber mein Papa liebt mich, er liebt mich wirklich. Und er schämt sich nicht es zu sagen, auch öffentlich. Er kann nicht wissen, dass ich hier bin. Er hat das nicht für mich getan, sondern ganz allein für sich. Oder weil er Frauen damit beeindrucken will. Das traue ich ihm auch zu.

Trotzdem, jetzt, in diesem Moment, könnte ich ihn knutschen.

Der Song ist eigentlich gar kein Song, weil niemand singt, sondern nur mein Pa Saxophon spielt. Im Hintergrund gibt Atze ein paar Bassläufe dazu und der dicke Leo trommelt einen leisen Takt und probiert dabei seine neue Snaredrum aus.

Dieser Song ist eine Art Achterbahnfahrt der Gefühle. Sehr bluesig. Auf eine traurige Art lebensfroh. Und auf eine lebensfrohe Art traurig.

Dann nimmt Pa sein Sax von den Lippen und sagt den Satz, den ich oft aus seinem Mund gehört habe. Er sagt ihn auf Englisch, weil's wahrscheinlich englisch besser klingt als deutsch: »It's a sad and beautiful world. Sometimes more sad. Sometimes more beautiful.«

Das bedeutet: Es ist eine traurige und schöne Welt. Manchmal eher traurig und manchmal eher schön.

Leute klatschen. Einige kreischen. Mary fängt an zu heulen.

»Ja, so ist er«, sagt sie. »Genau so.«

Conny versucht mit ihrem billigen automatischen Fotoapparat von Quelle meinen Pa zu fotografieren.

Mein Pa holt aus seinem Saxophon Töne heraus, von denen keiner geahnt hätte, dass sie drinstecken. Ich bin sonst nicht so ein sentimentaler Hund, aber auch mich bewegt das, auch ich spüre, dass mir Tränen in die Augen schießen, und ich ärgere mich darüber, denn ich will das nicht. Doch da ist noch etwas. Eine Spur von Misstrauen. Jetzt, während ich hier stehe, fühle ich mich als etwas Besonderes, aus der Menge herausgehoben. Dass er nicht weiß, dass ich da bin, macht die Sache nur noch größer. Und trotzdem weiß ich nicht, ob wirklich ich gemeint bin.

Ja, so was kann mein Papa. Dafür sorgen, dass man sich wundervoll fühlt. Das ist seine ganz spezielle Art des Lügens, darin ist er der unschlagbare Meister. Da kann selbst ich noch viel von ihm lernen.

Deswegen lieben die Frauen ihn wahrscheinlich. Er gibt ihnen, wenn auch immer nur für kurze Zeit, das Gefühl, etwas ganz Besonderes zu sein, auserwählt. Danach kann man süchtig werden. Man fühlt sich gesehen, gemeint, geliebt. Aber ich bin mir bei ihm nicht sicher, wie ernst man das alles nehmen kann. Vielleicht hat er ja wieder nur den Knopf gefunden, auf den er drücken muss, um ohne große Anstrengung zu kriegen, was er möchte. Wer könnte so etwas besser durchschauen als ich, der größte Lügner aller Zeiten? Vielleicht erzählt er das mit seinem Sohn hier nur, um ein paar alleinerziehende Mütter flachzulegen, die von ihren Eimännern enttäuscht sind, weil die sich nicht um die Kinder kümmern.

Eine Stimme in mir, die sich anhört wie meine Mutter, schimpft: Der wird sich auch nicht um eure Kinder kümmern, Mädels. Mit dem an eurer Seite habt ihr noch ein Kind mehr. Ein großes. Und glaubt mir, das macht mehr Schwierigkeiten als kleine.

Erschrocken drehe ich mich um, als sei Ma mir zu diesem Konzert gefolgt und würde jetzt hinter mir stehen. Aber sie ist nicht da. Hinter mir stehen nur Mary, die sich mit einem Tempotaschentuch die Wangen trocknet, und ihre Freundin.

Mein Sklave meldet sich wieder per SMS:

Okay, Meister.
Ich bin da. Ich
zieh das jetzt
durch. Schick
mir Kraft. Dein
treu ergebener
Diener.

Mir wird ganz anders. Was zieht der mitten in der Nacht durch? Was hat der Typ vor? Ich brauche dringend ein Handy.

Ich schaue mich um. Hinter mir tippt Mary gerade eine Nachricht in ihrs.

Conny stichelt: »Na, schreibst du Dieter jetzt, dass er doch nicht nachkommen soll?«

Sie hat Mary wohl voll erwischt, denn die streckt ihr die Zunge raus und schützt ihr Display mit der Hand. Conny, neugierig wie meine Mutter, zieht das Handy an sich, um die Nachricht zu lesen.

»Das ist gemein!«, ruft Mary und will das Handy zurückhaben. Sie kämpfen darum. Es fällt auf den Boden und schon hab ich's.

Liebster Dieter,
bin nicht auf
dem Festival.
Tante Hedi ist
krank. Muss in
die Eifel.

Sie ist als Lügnerin gar nicht so schlecht. Aber was wird sie machen, wenn er trotzdem herkommt, um sich hier ohne sie zu amüsieren? Nun, ich bin ja nicht hier, um einen Grundkurs im Lügen zu geben. Ich will nur aus meinem Papa einen ordentlichen Menschen machen und schnell eine SMS loswerden.

Ich zögere wohl zu lange, denn jetzt schaut Mary mich groß an. »Was ist, *Kurzer*? Bist du high oder was? Gib mir mein Handy wieder!«

»Ich heiße Felix. Felix Schnupfen. Schnupfen wie Husten. Nur ohne Keuchen. Und gegen das Wort *Kurzer* bin ich allergisch!«

Sie versteht nicht alles, was ich sage, denn die *Piraten* übersteuern mal wieder ihre Lautsprecherboxen. Ich zeige auf die Bühne. »Ich bin der Sohn von dem da!«

Das ist keine Lüge, sondern die Wahrheit. Aber etwas Besseres kann ich im Moment gar nicht sagen. Keine Lüge könnte das toppen, denn für Mary bin ich damit zu einer sehr wichtigen Person geworden. Klüger als der Präsident der Vereinigten Staaten, schöner als der Papst und mächtiger als die Lottofee.

So zumindest schaut sie mich an. Klar gibt sie mir ihr Handy für eine SMS. Schließlich hat sie gute Chancen, sich für die nächsten 24 Stunden wie meine Mutter zu fühlen.

Ich maile an die Nase Ulf:

Was zum Teufel
tust du gerade?

Die Antwort kommt auf mein Handy:

Ich tue genau,
was du mir
befohlen hast,
Meister.

Am liebsten würde ich ihn jetzt anrufen und fragen: Was, verdammt noch mal, glaubst du denn, habe ich dir befohlen?

Aber dann würde ihm auffallen, dass ich gar kein HO-JURANI-Meister bin. Wenn ich schon die Gedanken anderer Leute lesen kann, dann muss ich mich doch auch in meinen eigenen auskennen. Ich brauche jetzt einen wirklich guten Trick, um herauszufinden, was er glaubt, dass ich will.

Als guter Lügner muss man wirklich eine Art HOJU-

RANI-Meister sein. Man muss nämlich wissen, was der andere denkt, was er sich am meisten wünscht und was seine schlimmsten Befürchtungen sind. Dann erst kann man eine genau auf ihn zugeschnittene Lüge erfinden. Wenn man nichts über sein Gegenüber weiß, kriegt auch der beste Lügner kein Bein auf den Boden.

Eine ganz geschickte Form der Lüge ist die Manipulation. Es ist halb Lüge und halb HOJURANI. Ich werde einfach so tun, als wüsste ich ganz genau, was Ulf tut, und ihn so dazu bringen, es mir zu verraten.

Mary tatscht an mir herum, als hätte sie mich schon adoptiert. Sie ordnet meine Haare, sie kämmt mich mit ihren Fingern und nestelt an meinem Rucksack herum. Sie glaubt, er sei viel zu schwer, und will ihn mir gerne abnehmen.

Ich frage, ob ich das Handy noch ein bisschen haben kann. Sie nickt. Dann steht sie hinter mir, ihre Hände auf meinen Schultern. Wir schauen beide in Richtung Bühne. Conny steht neben uns. Mary öffnet ihre Jeansjacke und nimmt mich noch mit rein. So wärmt sie mir den Rücken. Mit einer Hand krault sie jetzt meine Haare, mit der anderen winkt sie Papa auf der Bühne zu. Er soll sehen, wie gut sie sich mit seinem Sohn versteht. Aber der hat die Augen geschlossen und bläst sein Sax. Er steht jetzt auf den Zehenspitzen, hüpft dann plötzlich über die Bühne wie ein Känguru, das Atzes Bassläufen hinterherhechelt.

Ich kann also beidhändig weitersimsen. In der Rechten halte ich mein Handy, um die Antworten zu lesen, in der Linken ihrs, um meine Mails in die Welt zu schicken.

54

Ich habe
das Gefühl,
du machst
gerade Scheiß.
Stimmt das?

Jetzt fotografiert Conny nicht mehr die Jungs auf der Bühne, sondern Mary und mich.

»Was soll das werden?«, fragt Mary. »Sehen wir etwa aus wie ein BRAVO-Traumpaar?«

»Nein. Aber ich könnte es glatt an ELTERN verkaufen. Für die Sondernummer ›Stiefmütter und ihre Söhne‹.«

Ich mach
kein Scheiß,
Meister. Echt
nicht. Ich tu
genau, was du
mir befohlen
hast.

Der Kerl macht mich wahnsinnig!

Ich will genau
wissen, was du
jetzt gerade
tust!! Erstatte
mir Bericht!
Sofort!

Ulfs Antwort folgt sofort:

Soll das ein
Scherz sein?
Meister, du
bist doch in
meinem Kopf.
Du weißt,
was ich tue.

Gar nicht so einfach, aus diesem Langsamdenker was herauszukitzeln. Dann muss ich es eben auf die harte Tour versuchen. Ich tippe die nächste SMS ins Handy:

Tu, was ich
dir sage,
Sklave!

Ulf wird kleinlaut:

Entschuldige
bitte, Meister.
HOJURANI

Mary duftet gut. Nach Ambra und Patschuli. Sie riecht ein bisschen wie der Esoterikladen, in dem Mama mal Qigongkugeln mit dem Yin- und Yang-Zeichen gekauft hat, mit denen sie eigentlich ihre Nerven beruhigen wollte. Das klappte aber nicht ganz, denn schließlich hat sie Papa die eine an den Kopf geworfen. Sein Kopf blieb un-

verletzt, aber aus der Qigongkugel brach das Yang heraus.
Es blieb nur noch das Yin drin.

> Es ist alles
> okay, Meister.
> Ich schließe
> gerade den
> Renault von
> Susis Papa
> kurz.

Einen Moment lang habe ich das Gefühl, weglaufen zu
müssen. Gleichzeitig ist es, als würde ich mir in die Hose
machen. Ein Schauer durchläuft mich.

> Warum tust
> du das?

Diese Logik kann keiner übertreffen:

> Weil ich keinen
> Schlüssel
> gefunden habe.
> HOJURANI!

Warum muss immer alles so verdammt kompliziert sein?
Warum? Wieso glaubt der, dass ich ihm den Auftrag gegeben habe, den Wagen von Susis Papa zu stehlen?

7

Kannst du, lieber Leser, etwas mit dem Wort Razzia anfangen? Nein? – Lüg mir doch nichts vor! Klar weißt du, was eine Razzia ist. Vermutlich kennst du so was aus dem Fernsehen. Und genau das unterscheidet uns: Ich habe die erste Razzia miterlebt, da war ich vier oder fünf Jahre alt. Jedenfalls ging ich noch in den Kindergarten. Und meine erste Razzia war das eigentlich auch nicht. Bei der allerersten habe ich noch in die Windeln geschissen, aber daran kann ich mich nicht mehr erinnern. Ich weiß es nur aus den Erzählungen von Papa. In meiner Kacke aus Spinat und Kartoffelpüree hat er damals sein Haschtütchen versteckt. Nicht mal die Spürhunde der Polizei haben es gefunden.

Ich habe also schon ziemlich früh damit angefangen, meinem Papa aus ausweglosen Situationen rauszuhelfen.

Die Razzia hier beginnt unauffällig. Heimlich. Während das Fest noch weitergeht. Die Polizei riegelt die Ausgänge ab und hat vermutlich bereits einen Ring um das Gelände gezogen, damit niemand über die Zäune türmen kann. Einige kommen aufs Gelände und bringen Drogensuchhunde mit. Solange man in Richtung Bühne schaut, bekommt man davon nichts mit. Richtig los geht es, als mein Pa nach seinem nächsten wundervoll traurig-blue-

sigen Solo die Augen öffnet und, weil er von seinem er-
höhten Platz auf der Bühne natürlich mehr sieht als sein
Publikum, von dort nicht etwa die übliche Lüge ruft, die
alle erwarten: »Ihr seid wundervoll! Ich liebe euch!«, auch
nicht: »Die Songs könnt ihr auf unserer neuen CD hören,
die gibt's da drüben am Stand beim Rudi«, nein, er ruft:
»Ach du Scheiße, die Bullen!«

Der große Scheinwerfer wandert von der Bühne runter
und leuchtet in die Reihe der anrückenden Polizisten. Ich
ahne, was mein Papa jetzt macht, und ich weiß genau, was
Leo, der drogensüchtige Drummer, machen wird: Sie
stürmen von der Bühne und versuchen sich zu retten.

Mary sieht aus, als würde sie jeden Moment ohnmächtig. Sie tritt ihren kleinen Joint aus und kramt in der Tasche nach Bonbons, um den Geruch loszuwerden. Conny
zieht die restlichen Selbstgedrehten aus der silbernen Zi-
garettenschachtel und wirft sie einfach hoch in die Luft.

Ich quetsche mich durch die Menge in den Backstage-
Bereich, weil ich meinem Pa beistehen will. Eigentlich
sollte hier ein Aufpasser die Stellung halten und dafür
sorgen, dass kein Unbefugter hinter die Bühne kommt,
aber der Typ hat sich in einer Dixi-Toilette eingeschlossen.

Auf dem Boden steht eine Kiste mit Obst, das keiner
angerührt hat, und mehrere große Kisten mit Wasser,
Cola, Bier und Keksen.

Atze schleppt schon die Verstärker von der Bühne und
lädt sie in das Piratenschiff, sprich den VW-Bus.

Papa muss Leo gerade einen guten Tipp gegeben haben,
denn Leo brüllt meinen Vater an: »Du spinnst wohl, André! Du bist wohl völlig bekloppt! Ich kann doch nicht

achtzig Gramm Koks durch ein Dixi-Klo spülen! Weißt du, wie viel das wert ist?«

Mein Papa nickt. »Bei deinem Vorstrafenregister gut zwei Jahre ohne Bewährung.«

Leo schluckt.

»Ich würde euch ja gern wieder meine vollgeschissenen Windeln zur Verfügung stellen, aber leider bin ich aus dem Alter schon raus.«

Sie sehen mich beide groß an. In Papas Blick liegt zwar die Frage: Du hier? Ich dachte, du wärst bei Mama?, aber das vertieft er nicht. Schließlich ist er auch von ihr abgehauen. Und er hat jetzt ganz andere Sorgen.

Er beschwört seinen Freund noch mal: »Leo, trenn dich von dem Zeug. Wir brauchen dich! Wir stehen am Anfang der Tournee. Wenn sie dich jetzt einkassieren, sind unsere nächsten Gigs geplatzt. Ich muss meine Miete zusammenkratzen. Außerdem ...«

»Hast du etwa nichts dabei?«, brüllt Leo.

»Doch«, sagt Papa und zieht aus seiner Jeans ein Tütchen. »Aber nur das hier. Für den Eigenbedarf. In Holland kann man das in jedem Coffeeshop kaufen.«

»Vielleicht sollten wir in Zukunft nur noch dort spielen.«

Atze schleppt den nächsten Verstärker an uns vorbei. Er glaubt immer noch, sie könnten einfach abhauen.

»Was wird das?«, fragt Mick ihn.

Atze antwortet: »Feindkontakt! Wir stechen in See. Setzt die Segel, Piraten! Die kriegen uns nie.«

Mein Papa zeigt ihm den Vogel, was mir beweist, dass ihm noch ein Rest Verstand geblieben ist.

Jetzt sind auch Mary und Conny hinter der Bühne angekommen. Und ich sehe ihnen an, dass mein Papa in ihnen sofort die Gefühle auslöst, die er so oft in Frauen weckt: Sie wollen ihn retten. Komisch, Leo will niemand retten. Vielleicht ist er dafür zu dick oder zu doof. Oder es liegt an seinem Rasierwasser. Davon muss ich immer niesen.

Das Display von meinem Handy flackert.

Alles klar,
Meister. Sind
auf der
Dellbrücker
Hauptstraße.
Wir nehmen
die A 3.

Mein Gott, die kommen hierher! Der hat den Wagen von Susis Vater geklaut! Wahrscheinlich sitzt sie sogar neben ihm. Aber woher wissen die, dass ich in Königstein bin? Ich kann doch gar kein HOJURANI. Haben *die* etwa *meine* Gedanken gelesen?

Als ob dies eine laut gestellte Frage gewesen wäre, gibt Atze mir die Antwort, während er beginnt Leos Trommeln zu verladen: »So 'n Mist, dass die Bullen ausgerechnet hierher kommen. Ich habe noch die halbe Südstadt plakatiert. Viele von unseren Fans sind extra aus Köln gekommen. Aber meine Lieblingsgroupies nicht. Die stehen jetzt auf Köster oder so.«

Da kommen zwei Polizisten hinter die Bühne, zwischen

sich einen Schäferhund. Mein Papa kippt kurz entschlossen den Inhalt seiner Tüte in den Hals und würgt alles hinunter. Dann lässt er die leere Tüte auf den Boden fallen. Er sieht sich um. Ich weiß, was er jetzt sucht. Ich nehme eine Dose Bier aus der Kiste und werfe sie Papa rüber. Der nickt mir dankbar zu und nimmt einen langen Schluck. Dann stöhnt er.

Die Polizisten sind zuerst bei Leo, denn der Hund geht direkt auf ihn los. Leo schimpft noch, dass er im Tierschutzverein sei und es unheimlich gemein findet, dass man Hunde süchtig macht, nur damit sie Rauschgift aufspüren können. »Ihr habt einen Junkie aus dem armen Tier gemacht!«, brüllt er. »Was seid ihr nur für Menschen! So was tut man doch keinem Hund an! Eines Tages werden Leute wie ihr in den Knast gehen und nicht mehr unsereins!«

Mary findet das auch und nickt. Conny hält sich vorsichtshalber raus. Sie will nichts mit der Polizei zu tun haben. Sie fängt an zu heulen und erzählt die ganze Zeit, sie sei Kindergärtnerin in einem evangelischen Kindergarten, und wenn die erfahren würden, was hier abgeht, wäre sie ihren Job los! Niemand kümmert sich um sie, niemand hört ihr zu. Deshalb wiederholt sie die Sätze immer lauter. Dann schluchzt sie: »Hätte ich doch nur auf meine Mutter gehört und wäre zu Hause geblieben!«

Mein Pa hebt die Arme und bietet sich den Beamten an: »Mich können Sie ruhig durchsuchen. Ich hab nichts dabei.«

Wahrscheinlich habe ich mit der Bierdose das falsche Signal gegeben. Ja, ich werde das Gefühl nicht los, dass ich

Leo dadurch erst auf die Idee gebracht habe. Er wirft seine achtzig Gramm jetzt nämlich lässig aus dem Handgelenk zu Atze. Der will sie auf keinen Fall fangen, springt einen Schritt zurück und kickt sie mit dem Fuß zu meinem Dad. Und der ist blöd genug, die Tüte zu fangen.

Jetzt steht er da, in der einen Hand eine Dose Bier und in der anderen achtzig Gramm Koks. Der Hund springt an ihm hoch.

»D… d… das gehört mir nicht!«, stammelt Papa.

Das ist zwar die Wahrheit, doch so dämlich vorgetragen kommt man weder mit der Wahrheit durch noch mit einer Lüge.

»Ach, das gehört Ihnen nicht?«, faucht der Beamte. »Warum haben Sie es dann in der Hand?«

»Es kam durch die Luft geflogen und da hab ich's aufgefangen.«

Der Beamte grinst. »Guter Witz. Selten so gelacht. Und ich bin der Weihnachtsmann.«

Sie nehmen Papa mit. Ich will auch in den Wagen einsteigen, doch der Weihnachtsmann fährt mich an, ich sollte doch zu meiner Mama gehen.

»Die wohnt nicht hier«, sage ich.

Er schüttelt den Kopf. »Es ist sowieso unverantwortlich, Kinder wie dich auf solche Konzerte zu lassen.«

Er ruft zu Conny hinüber: »Sie sind doch Kindergärtnerin! Hören Sie auf zu heulen und kümmern Sie sich um den Jungen!«

Aber ich bestehe darauf: »Ich will mit meinem Papa fahren!«

Der Polizist schüttelt den Kopf.

Da kommt mir eine Idee, auf die mich eigentlich der Polizist mit seinem blöden Spruch von vorhin gebracht hat.

»Hören Sie mal«, sag ich, »ich denke, Sie sind der Weihnachtsmann. Dann müssen Sie doch daran gewöhnt sein, Kindern Wünsche zu erfüllen. Und ich will nur eins: Ich will bei meinem Papa sein. Außerdem verhaften Sie gerade einen Unschuldigen.«

»Steig ein.«

Das Zeug, das Papa geschluckt hat, wirkt schon. Er kichert die ganze Zeit und erzählt allen, die mit uns in den Wagen verladen werden, er sei André Schnupfen, der gerade auf der Bühne Saxophon gespielt hätte. Sein tollstes Stück habe er aber noch gar nicht zum Besten gegeben. Dann fragt er ernsthaft den Weihnachtsmann, ob er ihm vielleicht das Saxophon reinbringen könnte, denn das Konzert sei noch nicht zu Ende und – Papa zeigt auf die Mitinhaftierten – »meine Fans wollen gerne noch eine Zugabe«.

Auf der Wache treffe ich Crazy. Sie begleitet ebenfalls ihren Papa.

Mein Pa ist inzwischen völlig high und erzählt mir, dass er die besten Stones-Songs geschrieben hätte. So sei Satisfaction eigentlich von ihm, Mick Jagger habe ihm das Lied nur geklaut. Michael Jackson sei in Wirklichkeit ein Alien und die Bosse in der Musikindustrie ließen meinen Papa nur deshalb nicht groß werden, weil sie genau wüssten, dass er über ihre Machenschaften Bescheid weiß.

Als der Weihnachtsmann Papa aus der Zelle zum Verhör holt, freut mein Vater sich. »Gut, dass Sie kommen,

Herr Wachtmeister. Ich habe Ihnen einiges zu berichten. Sie haben ja keine Ahnung, was in der Musikbranche los ist. Wussten Sie, dass Michael Jackson ein Außerirdischer ist?«

Ich weiß ja, dass Drogen das Gehirn aufweichen. Pa und die *Piraten* sind das beste Beispiel dafür. Aber diesmal ist es echt schlimm. Langsam reicht es mir wirklich, immer wieder zusehen zu müssen, wie mein Dad sich zum Affen macht.

Eine Polizistin versucht sich ein bisschen mit Crazy und mir anzufreunden. Weil wir uns weigern, den sumpfigen Kaffee aus ihrem Automaten zu trinken, holt sie uns einen Kakao.

Auf meinem Handy leuchtet eine neue Nachricht auf:

Meister! Susis
Alter hat was
gemerkt. Er
ist hinter uns
her.

Ich kann mir lebhaft vorstellen, wie diese Verfolgungsjagd aussieht. Susis Papa, von Beruf Richter, verfolgt seinen eigenen Renault Scenic im grünen Twingo seiner Frau.

Der kriegt uns nie!
HOJURANI!

Ich sitze Kakao schlürfend mit Crazy auf der harten Holzbank, während die Polizeibeamten sich darüber unterhalten, ob man einen Psychiater hinzuziehen sollte, weil mein Pa so blödes Zeug redet. Ich kriege das alles mit, denn ich sitze nicht in einer Zelle, sondern in so einer Art Warteflur. Dauernd rennen Beamte an mir vorbei, schwatzen und lachen. Da sie in ihren Büros anscheinend nicht rauchen dürfen, geben sich die Süchtigen wie immer in meiner Nähe ein Stelldichein.

Mir wird ganz anders. Wenn sie meinen Pa in die Klapse stecken, ist mein Traum, dass meine Eltern wieder zusammenkommen, ausgeträumt. Dann wird Mama ihn nie wieder in meine Nähe lassen. Ich überlege noch, was ich tun kann, um das zu verhindern, da geschieht etwas Merkwürdiges: Ich glaube zunächst zu träumen, aber es ist Realität. Da sind sie: Atze, Mick mit der Mütze und der fette Leo mit der roten Nase. Sie gehen an mir vorbei. Atze zeigt mir den erhobenen Daumen und zwinkert mir zu. Die *Piraten* lassen einen Kumpel nicht im Stich.

Nun krieg ich ein Spielchen mit, von dem selbst ich, der größte Lügner aller Zeiten, noch etwas lernen könnte. Ich darf bei ihrer Vorstellung dabei sein, zumindest schickt mich niemand weg.

Leo behauptet, er habe das Päckchen zuerst gehabt. Dann habe er es meinem Papa gegeben, und zwar nicht, damit der sich das Koks reinziehen sollte, nein, sondern – darauf wärst du nie gekommen, geneigter Leser – weil mein Papa so ein militanter Drogengegner ist.

»Ja«, nickt Atze, »wir haben das Zeug einem Jugendlichen abgenommen, so einem Dreikäsehoch. Der war noch keine fünfzehn, verkaufte aber im Auftrag seines Dealers ...«

66

»Genau«, lacht Mick. »Dem haben wir vielleicht eins auf die Schnauze gehauen!«

»Wir haben das Zeug konfisziert, Herr Wachtmeister«, steuert Leo bei. »Wir wollen nämlich bei unseren Konzerten dafür sorgen, dass alles sauber und ordentlich zugeht. Sie wissen ja, wir haben eine wilde Vergangenheit, aber wir sind geläuterte Jungs. Jawohl, die *Piraten* stehen heutzutage für –«

Jetzt rufen sie es alle drei gleichzeitig: »Keine Macht den Drogen!«

»Wir haben sogar einen Song komponiert, den wir noch vorgetragen hätten, wenn Sie nicht gekommen wären. Der geht so …«

Sie wollen gerne vorsingen, aber der Weihnachtsmann unterbricht sie mit der Drohung, er werde gleich zum Elch.

Natürlich wollen die Beamten wissen, wie der Junge heißt, dem das Zeug gehört, wo er wohnt und so weiter. Da müssen die drei passen. Der Kleine ist natürlich getürmt, als sie den großen Dealer verhauen wollten.

Der Weihnachtsmann ist kritisch. Sein Assistent aber, der alles mittippt, ist sehr beeindruckt. Seine Frage klingelt mir in den Ohren: »Chef, sollen wir die Band nicht zu unserer Weihnachtsfeier einladen? Ich meine, so eine Anti-Drogen-Gruppe, das ist doch mal was anderes als immer der Gesangverein und das grässliche Blasorchester.«

Ich glaube, der Weihnachtsmann ist damit nicht ganz einverstanden, denn er wirft seinem Kollegen einen vernichtenden Blick zu. Der tippt jetzt weiter an der Aussage.

Ein völlig entnervter Beamter führt meinen grinsenden Papa in den Raum. Der lässt sich lässig auf einen Stuhl fallen und kramt nach seinem Tabak.

Die freundliche Polizistin, die uns den Kakao gebracht hat, hält meinem Papa einen Becher Wasser hin. »Für Ihren Kreislauf.«

Papa nippt nur kurz dran, grinst dann, fragt sie, ob das ihr Ernst sei und ob sie nicht etwas Süffigeres dahätte. Dann erst bemerkt er seine drei Kumpels. Er begrüßt sie. »Schön, dass ihr gekommen seid, Jungs. Dies ist ein großer Augenblick. Die sind hier nämlich schwer in Ordnung, müsst ihr wissen. Die werden uns helfen diese ganze Musikindustrie-Mafia auffliegen zu lassen. Morgen Früh wird Michael Jackson verhaftet. Und die Stones werden ab jetzt ordentlich an mich abdrücken, jawoll!«

Atze fragt die Polizistin, ob sie vielleicht für ihn einen Schluck Wasser hätte. Ihm sei das ganz recht. Außerdem will er wissen, ob sie heute Abend schon was vorhätte.

Die bleibt ruhig, schaut auf ihre Uhr und sagt: »Ja, habe ich. Wenn mein Dienst hier vorbei ist, werde ich ins Bett gehen und mich gründlich ausschlafen.«

Atze fragt hoffnungsvoll, ob das ein Angebot sei.

Dem Weihnachtsmann wird das alles zu bunt. Er lässt die *Piraten* die Aussage unterschreiben und sagt dann: »Sie haben alle einen festen Wohnsitz. Das Rauschgift haben wir beschlagnahmt. Sie können gehen. Sie müssen natürlich mit einer Anzeige rechnen. Dann wird ein ordentliches Gericht entscheiden, ob man Ihnen Glauben schenkt oder nicht. Wenn Sie mich fragen – Typen wie Sie gehören alle in den Knast oder in die Klapsmühle!«

Während er das sagt, schaut er seinen Assistenten durchdringend an. Der kapiert, dass er die Band nicht zur Weihnachtsfeier einladen darf.

Papa will dem Weihnachtsmann klar machen, dass er alles falsch verstanden hat. Keineswegs würden die *Piraten* in den Knast gehen, sondern Michael Jackson. Und Mick Jagger auch, sofern er nicht in Zukunft Papa mit auftreten lässt.

Dann stehen wir auch schon alle vor der Tür. Inzwischen ist es fast fünf Uhr morgens. Es ist kalt. Ich friere von innen und von außen. Ich stelle mir vor, wie das jetzt wäre, zu Hause bei Mama im Bett wach zu werden, sich in Ruhe noch mal umzudrehen und aufs Frühstück zu warten.

Crazy fragt uns, ob wir sie mitnehmen. Ihr Pa muss noch eine Weile in Polizeigewahrsam bleiben und sie weiß nicht, wie sie zurück zu ihrem Zelt kommen soll.

»Klar nehmen wir dich mit«, sage ich.

Müde lehnt sie sich an mich und Atze schaut mich respektvoll an. »Der einzige von uns *Piraten*, der heute eine Braut abgeschleppt hat, ist ja wohl dein Sohn, André.«

»Ja!«, lacht mein Papa. »Und ich bin auch stolz auf ihn.«

»Ich habe Hunger, Papa«, sag ich. »Und ich bin müde.«

»Kein Problem«, lallt er. »Die süße Blonde wird uns bestimmt was besorgen. Wie hieß sie noch – Maria oder so ähnlich. Die wohnt hier in der Nähe.«

»Sie heißt Mary, Papa. Und ich glaube, sie wohnt mit einem Mann zusammen. Der heißt Dieter oder so. Der wird nicht sehr erfreut sein, wenn sie mit uns zu Hause auftaucht.«

»Ach!« Papa winkt ab. »Der muss spätestens um acht arbeiten. Wollen wir wetten?«

8

Es rumort in mir. Irgendetwas macht mich stinksauer. Ich habe Lust, Streit anzufangen. Ich überlege, warum ich überhaupt gekommen bin. Ich wollte aus meinem Papa einen anständigen Menschen machen. Und noch bevor ich ihm Guten Tag gesagt hatte, fanden wir uns auf der Wache wieder.

Wenn ich bei meiner Mama bin, dann denke ich immer, Papa ist gar nicht so schlimm, wie sie sagt. Aber wenn ich bei ihm bin, dann weiß ich eins: Sie hat einfach recht. Und die Spirale seines Lebens bewegt sich weiter bergab. Man kann Respekt davor haben, dass er es geschafft hat, mich, Crazy und die *Piraten* in diese sauber geputzte Wohnung zu bringen. Es sieht hier aus, als seien wir in einer IKEA-Ausstellung.

Ich habe keine Ahnung, wo Dieter ist. Vielleicht auf der Arbeit, wie Papa glaubt, vielleicht bei Marys Tante Hedi in der Eifel. Jedenfalls brät Mary Eier mit Speck für uns, hat die dritte Riesenkanne Kaffee gekocht und erträgt es, dass mein Papa, Atze, Leo und Mick ihr am Frühstückstisch die Bude voll qualmen. Ich wette, Dieter darf hier nicht rauchen. Nirgendwo in der Wohnung steht ein Aschenbecher. Aber auf dem Fensterbrett auf der Terrasse liegt eine Packung Marlboro und eine Streichholzschachtel.

Die *Piraten* brauchen keinen Aschenbecher. Sie benutzen die leeren Bierdosen. Den Qualm finde ich morgens besonders eklig.

Es ist acht Uhr dreißig. Ich habe fast nichts geschlafen. Ich frage Mary, ob ich bei ihr duschen darf. Klar, darf ich. Sie gibt mir sogar ein sauberes Handtuch und haut noch mal eine Portion Eier in die Pfanne. Sie hatte gar nicht genug im Haus, aber Conny ist schnell zu den Nachbarn rübergelaufen und hat sich ein Dutzend Eier ausgeliehen.

Ich dusche erst heiß und dann noch mal kalt. Die Wut in mir wird dadurch nicht weniger. Sie will raus. Und genau das werde ich ihr jetzt erlauben.

Ich werde nicht versuchen meinen Papa mit irgendwelchen Tricks zu einem besseren Menschen zu machen. Ich werde ihn nicht in Lügen einspinnen, bis er endlich ein neues Leben beginnt. O nein. Ich werde ihn jetzt mit der Wahrheit konfrontieren. Mit meinem Zorn.

Jetzt, so frisch geduscht, fällt mir erst auf, wie sehr mein Hemd nach Qualm stinkt. Meine Haare sind noch nass, als ich in die IKEA-Ausstellungs-Wohnküche zurückkomme. Mein Papa vertilgt gerade die zweite Portion Eier mit Speck.

Eine andere Situation wäre mir lieber gewesen. Ein Gespräch mit Papa alleine und vor allen Dingen er in nüchternem Zustand. Aber es ist, wie es ist. Seine Kumpels sind dabei und er ist zugedröhnt. Warum soll der heutige Tag anders sein als alle anderen?

»Mama hat wirklich recht«, sage ich laut. Alle verstummen, nur Atze futtert weiter. »Du bist kein guter Mensch, Papa. Ich wäre so gerne stolz auf dich! Aber wer will schon einen Papa haben, der ständig zugedröhnt ist? Das mit den Drogen ist echt nicht in Ordnung! Vielleicht kommt ihr diesmal noch raus, weil ihr dem Richter eine tolle Geschichte erzählt. Aber in Wirklichkeit ist das doch Scheiße, was ihr macht! Ihr seid wie kleine Jungs, die heimlich naschen, bloß dass ihr euch mit dem Zeug zugrunde richtet!«

»Quatsch«, murmelt Atze. »Wir doch nicht.«

Ich könnte jetzt sagen, dass er ein lebendes Beispiel dafür ist, wie schnell man seinen Verstand versaufen kann und was Drogen aus einem Gehirn machen können. Aber das tue ich nicht, denn ich will Atze nicht beleidigen und ich will ihn auch nicht beeinflussen. Ich will, dass mein Pa sein Leben ändert, damit ich bei ihm bleiben kann und das Jugendamt mich nicht von ihm wegholt.

Das Grinsen ist meinem Papa immer noch ins Gesicht gemeißelt, aber ich kann sehen, dass sein Verstand arbeitet. Es gefällt ihm nicht, was ich sage. Es macht ihn traurig.

Mary kriegt den Mund nicht mehr zu. Conny steht bewegt da und nickt, obwohl sie vorhin selber gekifft hat.

»Werd endlich erwachsen«, schrei ich ihn an, »damit *ich* Kind sein kann! *Ich* bin hier das Kind, kapiert? *Du* bist der Große! Du musst *mir* die Regeln beibringen und *ich* muss gegen sie verstoßen, nicht umgekehrt! Die wollen mich dir wegnehmen und weißt du was? Die haben recht!«

Jetzt löst sich aus den bekifften Augen meines Vaters tatsächlich eine Träne. Nein, er ist nicht wütend auf mich. Er brüllt nicht zurück. Ich habe ihn irgendwie getroffen.

»Was … was soll ich denn machen?«, fragt er.

73

»Hör einfach auf mit dem Scheiß!«, sage ich.

»W… wie meinst du das?«

Wenn er doch nur ein bisschen wäre wie Mama und Mama ein bisschen wie er! Könnte er sein Leben ein wenig besser organisieren und hätte sie ein wenig von seiner Lockerheit – mein Gott, wäre das ein tolles Paar! Was hätte ich für ein feines Leben. Aber so ist es leider nicht.

Leo bringt es auf den Punkt: »Dein Sohn ist ein blöder Spießer geworden, André.«

Mein Vater schüttelt den Kopf. »Nein, Leo, nein, das ist er nicht. Aber er liebt mich nicht mehr. Das ist es. Ich war ihm kein guter Vater. Ich war ein egoistisches Arschloch. Ich habe mich nur für meine Musik interessiert, für Frauen und Drogen.«

»Genau«, lacht Leo und trommelt mit der Gabel ein Solo auf den Tisch. »Sex and Drugs and Rock 'n' Roll. So sind wir: Die *Piraten!*«

Mein Vater achtet gar nicht auf ihn. Er beugt sich zu mir runter, um besser mit mir sprechen zu können. Unsere Augen sind jetzt auf einer Höhe, aber mit seinen zehn Gramm Shit im Bauch wird ihm ein bisschen schwindlig in dieser Haltung, das sehe ich.

Gut so! Dann spürt er, dass das Zeug ihm schadet.

»Du bist wirklich sauer auf mich, Felix. Hast du mich denn gar nicht mehr gern?«

»Papa – wenn du dich nicht änderst, werde ich bei Mama bleiben. Kriegst du das in deinen zugedröhnten Kopf rein? Und wenn ich dich nicht gern hätte, würde ich nicht wollen, dass du dich wenigstens ein bisschen änderst!«

»Was erwartest du von mir?«

»Macht das wahr, was ihr bei der Polizei behauptet habt!«

»Was?«

»Kehrt um. Werdet eine Anti-Drogen-Band!«

»Du meinst, so richtig als Vorbilder für die Jugend? Hm.« Er kratzt sich den Bauch. »Das ist gar keine so schlechte Idee. Wir könnten als abschreckende Beispiele fungieren. Wir könnten ihnen erzählen, wie mies unser Leben war …«

»Ja, furchtbar!«, lacht Atze. »Mir kommen die Tränen.«

»Ruhe!«, schreit Pa. »Der Junge hat recht. Ich habe immer nur gespielt, damit das Publikum mich liebt. Aber worum es wirklich geht, ist doch etwas anderes. Es geht darum, dass ich seine Liebe gewinnen und behalten will! Er ist für mich das Wichtigste auf der Welt.«

»Meinst du das ernst, Pa?«, frage ich ungläubig.

»Ja. Wir werden eine Anti-Drogen-Band.«

Atze grinst. »Eine Anti-Drogen-Band? Wir? Bist du besoffen?«

»Nein. Der ist nicht besoffen. Der hat nur den ganzen Stoff runtergeschluckt und …«

»Es ist mein Ernst. Stellt euch das nur mal vor: Die *Piraten* werden Vorbilder für die Jugend! Wir werden auf Anti-Drogen-Konzerten auftreten! Vielleicht ist das unsere eigentliche Bestimmung. Vielleicht haben wir nur dafür so gelebt. Keiner versteht mehr von Drogen als wir. Wir fangen ein neues Leben an!«

Atze tippt sich an die Stirn. »Wir ’ne Anti-Drogen-Band! Das geht doch gar nicht.«

»Warum nicht?«

»Na, dann können wir doch keinen Stoff mehr rauchen.«

»Stimmt genau!«

Leo erschrickt. »Ja, aber ... und ... 'n Bier – auch nicht?«

Da mischt Crazy sich ein: »Ihr werdet Erfolg haben. Ich sehe das schon vor mir: Euer Name, groß auf T-Shirts und Plakaten. Vielleicht dreht ihr meinen Pa ja auch um.«

Conny ist der gleichen Meinung. »Ja«, sagt sie. »Ich sehe das genauso. Da gibt es großen Bedarf.«

»Wir könnten sogar auf dem Polizeifest spielen, zu dem uns dieser Jungspund eingeladen hat«, lacht Papa.

»Überall könnten wir spielen. Und unsere Platten werden von den Krankenkassen gesponsert«, grinst Atze. Er sieht sich schon auf dem Weg zum Ruhm und dafür ist Atze bereit einiges zu tun.

Doch Leo sackt in sich zusammen. »Hey, hey, hey, ich war immer euer Drummer. Stimmt's?«

»Ja. Klar.«

»Und das wollt ihr jetzt ohne mich durchziehen? Jetzt, wo ihr so kurz vor dem Durchbruch steht? Die *Piraten* in allen Fernsehtalkshows! Wir werden über unser mieses Leben berichten, was wir für Schweine waren, wie wir gesoffen haben, gekifft – ich kann dabei nicht mitmachen, Jungs.«

»Wieso nicht, Leo?«

»Für euch war das nur Spaß. Ihr könnt einfach damit aufhören. Ich nicht. Ich häng dran.«

Conny setzt sich gleich zu ihm. »Du meinst, du bist süchtig, Leo?«

Atze schüttelt den Kopf. »Quatsch. Drogen machen doch nicht süchtig.«

Leo schluckt. »O doch. Wenn ich nicht morgens meine erste Ration krieg, werden meine Hände gar nicht ruhig.« Er hält die zitternde Hand über den Tisch, damit wir sehen, wie es morgens bei ihm aussieht. »Wenn ich das Zeug nicht regelmäßig kriege, fange ich an zu zittern und zu frieren. Meine Nasenschleimhäute sind seit Jahren im Eimer. Das sind Plastikimplantate! Meine Nase ist verätzt, als hätte ich sie in Salzsäure gesteckt.«

Mick hat die ganze Zeit den Mund gehalten, aber jetzt kommt sein großer Auftritt. Er erhebt sich vom Tisch und verkündet: »Leo, du musst keine Angst haben. Ohne dich unternehmen wir gar nichts. Du bist einer von uns!«

»Schade«, sagt Atze, »wird dann wohl doch nichts aus der Karriere. Keine goldenen Schallplatten.«

»Wieso nicht?«, empört sich Leo.

»Na, ich denke, du machst nicht mit!?«

Mein Pa haut mit der Faust auf den Tisch. »Na klar ist Leo weiter mit dabei. Aber clean!«

Leo sieht uns ungläubig an. »Ihr meint, ich schaff das, Jungs?«

Ich richte meinen Zeigefinger auf ihn und sage: »HOJURANI! Du schaffst es!«

Aber bei ihm wirkt das nicht. Er weiß ja nicht, dass ich ein HOJURANI-Meister bin.

Plötzlich fällt mir siedend heiß ein, dass ich seit Stunden nicht mehr auf mein Handy geschaut habe. Jetzt komme ich auch nicht dazu. Mein Pa drückt mich an sich. »Junge, ich danke dir!«, lacht er und küsst mich. »Ich brauchte diesen Arschtritt. Wir werden uns ändern und umkehren. Du wirst stolz sein können auf deinen Vater!«

Mary klatscht begeistert Beifall. Damit gibt sie der Band einen Vorgeschmack auf das, was sie von ihren Fans erwarten kann. Auch Crazy klatscht und schließlich Conny.

Ich spüre, dass es ihnen ernst ist. Ich habe irgendetwas ausgelöst. Vielleicht war die Zeit einfach reif. Dazu der Schock mit der Polizei und ... zum ersten Mal seit Jahren habe ich das Gefühl, dass alles gut werden kann. Frau Müller-Supente vom Jugendamt, Frau Flamme, meine Lehrerin, und meine Mama – die werden Augen machen, wenn mein Papa mit seiner Band in den Charts ist.

Sie sind sich einig: »Wir komponieren noch heute einen neuen Song.«

Atze textet gleich los:

Kinder, lasst die harten Drogen,
sauft euch lieber einen ...

Aber Papa ist dagegen. »So nicht«, sagt er. »So nicht, Atze. Diesmal ernsthaft. Lass uns einfach einen guten Song machen. Zum Beispiel über dein Leben, Atze. Das ist dann für alle abschreckend genug.«

Darüber kann Atze nicht lachen.

Crazy sieht mich an und sagt: »Echt cool, dein Alter, weißt du. Sag mal, könnt ihr meinen vielleicht noch in eurer Band gebrauchen? Mir hängt es schon lange zum Hals raus, dass der nichts auf die Reihe kriegt, außer Bierflaschen aufzumachen und Joints zu drehen.«

Dazu sage ich lieber nichts.

Die *Piraten* sind jetzt voll in ihrem Element. »Unser nächstes Konzert ist in Herborn. Da werden wir bereits mit unserem neuen Image auftreten. Bis dahin haben wir den Song fertig, Jungs!«

Die *Piraten* stoßen ihren Piratenschrei aus. In früheren Leben haben sie so wahrscheinlich Schiffe geentert. Heute wollen sie die Charts stürmen.

Mary und Conny sind sich sofort einig: Da wollen sie dabei sein. Sie werden der Band nachreisen.

Das überzeugt Atze endgültig. Zwei neue Groupies. Die Kindergärtnerin gefällt ihm besonders gut.

Auf meinem Handy sind mehrere Mails:

Hey, Meister,
es ist nicht
alles so
gelaufen, wie
wir gehofft
haben. Der
Renault ist
kaputt.

Susi heult.
Ihr Papa ist
ziemlich sauer.
Mein Vater
bringt mich
um, wenn ich

nach Hause
komme.

Ihr Papa sagt,
mein Papa
soll alles
bezahlen. Sie
wollen wissen,
wer mich
angestiftet hat
und wohin wir
wollten.

Meister! Schick
mir ein paar
kluge Gedanken!
Sonst bin ich
erledigt.

9

Ich war übermüdet. Ich bin in einen tiefen Schlaf gefallen. Irgendwie hat mein Gehirn einfach abgeschaltet. Ich glaube, ich war inzwischen mindestens 22 Stunden auf den Beinen. Sie müssen mich in den Piratenbus getragen haben und vielleicht haben sie mir sogar eins ihrer Sauflieder als Schlaflied vorgesungen. Jedenfalls werde ich erst an einem Baggersee wieder wach. Wir müssen irgendwo in der Nähe von Herborn sein. Ich weiß nicht, wie lange ich geschlafen habe. Ich schätze, dass es jetzt Mittag ist, denn die Sonne steht genau über mir und knallt erbarmungslos herab. Wenn ich die Augen aufmache, schaue ich direkt hinein. Nach einem langen Schlaf ist das nicht das Beste für die Pupillen. Ich bin sofort geblendet und kriege kaum noch was mit. Aber ich höre Stimmen.

Da ist mein Papa, ganz in der Nähe. Rechts neben mir muss er sitzen. Er schnippt mit den Fingern einen Takt und singt:

Wollt ihr mal ein Arschloch sehen?
Dann schaut in mein Gesicht!

Atze ist gleich begeistert. »Klasse, André! Das nehmen dir die Leute sofort ab. Es sollte doch au… authentisch sein.«

Ein kühler Wind erfrischt meine Haut und das lässt mich zusammenzucken: am ganzen Körper!

Auch wenn meine Augen mir noch nicht alles zeigen, was um mich herum geschieht, meine Hände können tasten. Ich bin nackt. Mit einer Hand schütze ich mein Geschlechtsteil, mit der anderen meine Augen und schaue dann nach rechts und links. Klar: Papa, Atze, Mick und Leo sind auch nackt. Wahrscheinlich haben die noch nie Badehosen besessen und wissen gar nicht, wozu die gut sein sollen.

Das heißt, ganz nackt sind sie nicht. Mick hat natürlich seine blaue Wollmütze auf.

Mary und Conny kommen winkend und lachend angelaufen. »Da seid ihr ja! Wir haben euch schon überall gesucht! Auf dem Festivalgelände haben die einen gesagt, ihr wärt üben, die anderen, ihr seid am Baggersee.«

Mary schaut die nackten Männer an und lacht: »Ihr macht FKK! Ist ja toll!«

Sie pellt sich sofort aus der Jeans.

Conny steht lächelnd dabei: »Ich hab eine Sonnenallergie.«

Keine schlechte Lüge, denke ich. Die ist richtig begabt.

Mary hat ihre Schamhaare rasiert. Sie haben eine Herzchenform. Dann gibt es noch einen tätowierten Pfeil, der am linken Hüftknochen anfängt und am Herz endet, ganz so, als würde der Pfeil im Herz stecken. Wenn sie ein Bikinihöschen trägt, kann man das natürlich nicht sehen. Aber so ... Ich glaube, ich bin der Einzige, der daliegt und glotzt und staunt. Die *Piraten* tun so, als würden sie das nicht sehen. Aber natürlich sehen es alle.

Jetzt schreit Mick: »Wer als Erster im Wasser ist, zahlt die nächste Runde!«, und rennt zum See.

Die anderen springen auf und stürmen los. Ein Körper, wie nur Bier ihn geschaffen haben kann, läuft hinter ihnen her. Der riesige weiße Hintern glänzt in der Sonne. Er schafft es, Mick einzuholen. Da ertönt eine Stimme: »Papa, bleib hier!« Er bleibt stehen.

Atze rennt an dem Fettwanst vorbei. Mein Papa auch, aber er ist ein Stückchen hinter Atze und Mick. Kurz vor dem Wasser hält Mick an. Atze hechtet hinein, mein Papa hinterher. Der dicke Leo platscht als Letzter ins Wasser.

Atze taucht prustend auf: »Gewonnen, gewonnen, gewonnen!«

»Ja«, lacht Mick. »Die nächste Runde geht auf dich, Atze!«

Wütend haut Atze mit der Faust ins Wasser. Es gelingt ihnen immer, ihn reinzulegen.

»Siehst du, Papa, gut, dass du auf mich gehört hast. Er hat doch gerufen: Wer als *Erster* im Wasser ist, zahlt die nächste Runde!«

Mir wird schlecht. Die Stimme kenne ich doch. Sie kommt von Crazy, die irgendwo links hinter mir sitzen muss. Ich drehe mich um. Tatsächlich, da ist sie. Genauso nackt wie ich. Im Gegensatz zu ihrem Papa ist sie am ganzen Körper braun. Sie winkt mir zu: »Na, bist du endlich wach geworden? Komm rüber in den Schatten! Du hast ja von der Sonne schon einen knallroten Kopf.«

Ich bin mir nicht sicher, ob das von der Sonne kommt. Trotzdem will ich unwillkürlich aufstehen und zu ihr rübergehen. Doch dann würde ich völlig nackt vor ihr stehen. Was mich dabei fertig macht, ist die Furcht, dass sie merken könnte, wie peinlich mir das ist. Denn so wie sie aussieht, ist sie Nacktbaden gewöhnt.

Zum Glück liegen meine Sachen hinter mir. Ich raffe sie zusammen. Natürlich ziehe ich sie nicht an. Das wäre uncool. Aber ich halte sie lässig so, dass sie mich zufällig doch ganz gut bedecken. Es darf auf keinen Fall aussehen, als sei ich ein verklemmter Spießer.

Hinter mir protestiert Atze immer noch, weil er nicht begreift, warum er gewonnen und trotzdem verloren hat.

»Was ist?«, lacht Crazy mich an. »Hast du Angst, dass dein Ding zu klein ist, oder was?«

Sie hat mich voll erwischt. Selbst als größter Lügner aller Zeiten muss ich jetzt einiges aufbieten, um aus dieser Nummer herauszukommen.

»Nee«, sag ich, »wie kommst du denn darauf?«, und lasse die Sachen einfach vor mir auf den Boden fallen.

Ungeniert schaut sie mich an und schmunzelt. »Na ja, weil Jungs wegen so was immer ein Riesentheater machen. Deshalb.«

»Ich nicht«, lüge ich und setze mich neben sie.

Sie zeigt auf ihren kaum vorhandenen Busen und ihre Speckröllchen am Bauch und sagt: »Ich schäm mich ja auch nicht für meine Rettungsringe. Die erinnern mich immer an meine Arbeit.«

»Was für 'ne Arbeit?«

»Na, eigentlich machen wir den Würstchenstand. Man nennt mich auch die ›Queen der Friteuse‹. Und mein Papa kriegt ein Würstchen rundherum gleichmäßig braun. Nur diesmal sitzen wir an der Kasse, weil der Würstchenstand nämlich beim letzten Mal abgebrannt ist.« Sie wirft einen tadelnden Blick zu ihrem Vater rüber und verzieht den Mundwinkel. »Du weißt ja, wie sie werden, wenn sie so richtig besoffen sind.«

Irgendwie entspannt sich die Lage gerade und ich bin weniger verkrampft. Ich frage sie irgendeinen Blödsinn wie: »Habt ihr 'nen eigenen Würstchenstand?«

Sie schüttelt den Kopf. »Nee, wir helfen nur aus. Dafür haben wir dann frei Essen, freien Eintritt und ... du kennst das doch.«

Ich nicke. »Ja.«

Obwohl ich wirklich sehr damit beschäftigt bin, mich mit der nackten Crazy so normal wie möglich zu unterhalten, schießen mir plötzlich wieder die letzten Mails von meinem Sklaven durch den Kopf. Ich spüre ihn heraufziehen wie drohende Gewitterwolken, bevor es richtig kracht. Da ist eine Menge Ärger im Anmarsch.

Crazys Papa hat auf dem Flohmarkt eine alte Polaroidkamera eingetauscht (wahrscheinlich gegen ein paar rundherum braune Bratwürste). Das Ding ist nicht mehr viel wert, denn man kann keine neuen Filme mehr nachkaufen. Es macht ihm Spaß, jetzt die letzten Fotos zu verschießen. Eins macht er von Crazy und mir. Noch während die Farbe auf dem Polaroid trocknet, ist Atze endlich klar geworden, dass er die nächste Runde nicht nur bezahlen, sondern auch holen muss. Sie schicken ihn zum Kiosk am anderen Ende des Baggersees. Er soll fünf Bierdosen holen, doch da protestiert mein Papa: »Nee, nee, wir sind doch jetzt eine Anti-Drogen-Band. Kein Bier. Hol was anderes. Limo oder so.«

Atze glaubt, dass er wieder reingelegt werden soll. Er lacht: »Diesmal verarscht ihr mich nicht! Hahaha!«

Mick vermutet eher, dass Papa einen Sonnenstich bekommen hat. »Darauf fällt nicht mal unser Atze rein, nicht wahr?«

Atze kratzt sich den Kopf: »Ja, wie?«

Zum ersten Mal merke ich etwas ganz Komisches. Mein Papa meint es ehrlich. Er will wirklich kein Bier, sondern eine Limo, aber es fällt ihm schwer, das bei seinen Kumpels durchzusetzen. Er will auch nicht dastehen wie ein Weichei.

Er versucht es trotzdem. »Dann bring mir 'ne Cola mit. Ich will kein Bier.«

»Echt nicht?«

»Nee. Ich bin heut nicht so drauf.«

Atze fragt vorsichtig: »Wie muss man denn drauf sein, um Bier zu trinken? Hast du was? Ist dir schlecht?«

Auch Leo macht sich Gedanken, ob mein Papa krank ist. Mein Papa lacht: »Vielleicht wegen der Sonne. Cola ist gut für den Kreislauf. Mir ist ein bisschen flau.«

Das versteht Atze. Er zieht los.

Jetzt ist das Foto trocken. Crazys Papa zeigt es uns. Crazy greift danach. Jetzt hat sie es und ich ahne, dass sie es nicht rausrücken wird.

Leo nähert sich meinem Pa und flüstert: »Du meinst das wirklich ernst, hm? Die *Piraten* werden eine Anti-Drogen-Band, stimmt's?«

Mein Papa nickt. »Ja. Genau das. Heute beginnt ein neues Leben.«

»Die auch?«, fragt Leo und zeigt auf Atze und Mick.

Mein Papa nickt. »O ja. Oder ich gründe eine neue Band.«

»Ohne Bass?«

»Nein. Ohne Atze.«

Erst jetzt kommt Mary mit ihrer eigentlichen Nachricht: Ihr Ex will sie unbedingt wiedersehen. »Er ist«, sagt sie nicht ohne Stolz, »nämlich immer noch ganz verknallt in mich.«

Sie hat natürlich überhaupt keine Lust, ihn zu treffen, aber sie hat ihm erzählt, dass sie auf diesem Konzert ist. Er will nun kommen, um sich das Ganze anzugucken und noch viel besser, er arbeitet beim lokalen Fernsehsender.

Papa versteht das Ganze als Drohung. »Was hab ich mit deinem Ex zu tun?«

Sie sagt es noch mal langsam und deutlich zum Mitschreiben: »Er arbeitet beim Fernsehen. Er macht Reportagen, zum Beispiel über so was wie das hier! Kapiert?«

Sie tippt mit ihrem langen Fingernagel gegen Papas Stirn.

Jetzt gehen sogar dem Lichter auf. »Du meinst, der würde vielleicht über uns ...«

»Ja«, lacht Mary. »Jetzt beginnt der Ernst des Lebens. Viel Spaß!«

10

Inzwischen habe ich wieder meine Klamotten an, komme mir aber in Crazys Nähe trotzdem ziemlich nackt vor, denn sie hat das Polaroidfoto von uns hinten in ihrer Jeans.

Ich bin gerade in Versuchung, es ihr zu stehlen, aber wenn ich auch der größte Lügner aller Zeiten bin, klauen kann ich nicht gut.

Auf meinem Handy sind keine Nachrichten mehr von meinem Formel-1-Fahrer. Das kann nur zwei Dinge bedeuten: Entweder man hat ihm das Handy abgenommen oder er ist tot. Ich tippe auf das erste.

Ich könnte mir jetzt leicht das Handy von Mary leihen, um ihm zu mailen. Mary ist echt nett zu mir. Wahrscheinlich würde sie mich sogar telefonieren lassen. Aber erstens bringt das nichts, wenn sie ihm das Handy wirklich abgenommen haben, und zweitens – wie sieht das aus, wenn der HOJURANI-Meister seinen Schüler anruft, um zu fragen, was los ist. Ich muss doch Gedanken lesen können. Auf eine ironische Weise stimmt das im Moment auch. Ich glaube, dass ich genau weiß, welche Gefahr mir droht. Sie sind im Anmarsch. Der erboste Papa von Susi und, was wahrscheinlich noch viel schlimmer ist, auch meine Mutter. Ich bezweifle, dass meine Computeraktion sie wirklich daran gehindert hat, mich hierher zu verfolgen. Irgendwie sehe ich mich bereits in der Hölle schmoren, dabei wollte ich eigentlich nur aus meinem Papa einen anständigen Menschen machen. Aber das ist eben gar nicht so einfach, wie man denkt. Er ist nämlich eine schwer verkorkste Persönlichkeit. Das braucht Zeit, Geduld und … Mist, da sind sie schon!

Es kommt noch viel schlimmer, als ich angenommen habe: Frau Müller-Supente vom Jugendamt und Frau Flamme, ihre Freundin und meine Bio-Lehrerin, sind auch dabei.

Mein Sklave sieht verheulter und verhauener aus als nach dem Boxkampf.*

Susi neben ihm wirkt auch nicht gerade, als käme sie an einem ruhigen Ferientag aus dem Freibad. Der Richter sieht mehr aus wie ein Rächer, getrieben von unbändiger Wut. Nur meine Mama hat etwas Erhabenes, etwas Triumphales. Klar, sie freut sich. Sie rückt mit ihrer ganzen Armee an, um Papa vor versammelter Mannschaft fertig zu machen.

Auf dem ganzen Festival-Gelände kriegt man mit, dass sie kommen, so einen Lärm veranstalten sie am Eingang. Sie wollen keinen Eintritt zahlen. Susis Papa glaubt ernsthaft, es würde genügen, dass er sich als Richter ausweist und mit der Polizei droht, um an dem dicken Bierbauch von Crazys Papa vorbeizukommen. Irrtum. Der will Cash sehen. Crazy steht ihm bei.

Richter Lange zieht daraufhin einen Block aus der Ta-

* Lies nach in: »Echt jetzt? – Felix und das wahre Leben, Band 1«

sche und will sich Crazys Namen aufschreiben. Den sagt sie auch. Warum soll sie lügen. Aber er glaubt nicht, dass sie so heißt.

Ich muss irgendwie weg, mich verstecken, meinen Papa warnen – überhaupt müssen wir abhauen. Das Ganze hier kommt mir viel schlimmer vor als die Razzia.

Die *Piraten* machen gerade einen Soundcheck. Papa ist nervöser als sonst. Vielleicht liegt es daran, dass er keinen Alkohol im Blut hat und auch nicht high ist. Es sieht für mich fast so aus, als würde er das hier heute zum ersten Mal machen. Ständig klopft er auf das Mikro, hustet hinein, fummelt an seinem Headset rum. »Joe, ich hör mich nicht. Joe, ich hör mich nicht. Joe?! Joe, gib mir den Bass von Atze rein.«

Joe steht am Mischpult, etwa fünfzig Meter von der Bühne entfernt, so dass er alle sehen kann und den Sound genau so hört, wie er fürs Publikum rüberkommt. Er ist ein alter Rock 'n' Roller. Eine andere Musik existiert für ihn gar nicht. Ich kenne ihn, seit ich fünf war. Seine Oberarme sind dicker als die Oberschenkel der meisten Menschen. Andere haben einen Bierbauch, Joe hat Muskeln. Ich wette, dass er in einem Fitnesscenter trainiert, doch er behauptet, das sei alles von der Schlepperei: Weil er nämlich von Konzert zu Konzert ein paar Zentner an eigenem Equipment mitschleppt. Papa nennt das Elektromüll. Joe ist stolz darauf. Manchmal nennen sie ihn den van Gogh der Töne. Die Bühne ist für Joe so etwas, wie für van Gogh die Leinwand war. Seine Regler sind für ihn wie Pinsel; die Töne, die er über die Lautsprecher herausbringt, wie Farbtupfer. Er ist viel entscheidender dafür, wie die Band rüberkommt, als ein mieser Bassist oder ein Sänger mit Grippe. Ohne ihn läuft gar nichts. Zumindest nicht richtig.

Er schiebt an seinen Reglern rum, damit Papa endlich den Bass von Atze hört, und er schafft es.

»Nein, nicht so laut!«, brüllt mein Dad und reißt sich das Headset vom Kopf.

Ich halte mich vorsichtshalber in Joes Nähe auf. Er wird mich beschützen, was auch immer passiert. Hinter seiner Anlage habe ich mich schon versteckt, da bin ich noch gar nicht zur Schule gegangen.

Ich glaube, Papa hat sich das Headset gar nicht vom Kopf gerissen, weil Atzes Bass so grässlich laut in seinen Ohren vibrierte, sondern weil er gesehen hat, was sich an der Kasse zusammenbraut. Er springt von der Bühne runter. Es ist nicht dieser Jump voll ausgestreckt auf die hochgereckten Hände der mitsingenden und hopsenden Fans, o nein. Es sieht mehr aus wie ein Rettungssprung aus einem brennenden Haus, hinein in ein noch nicht ganz geöffnetes Sprungtuch. So wie er landet, tut es mir in den Knöcheln weh, als wäre *ich* umgeknickt.

Irgendwie bin ich mit meinem Papa immer innerlich verbunden. An so was merke ich das. Ja, mir tun jetzt wirklich die Knöchel weh, weil er sich seine verstaucht haben muss. Was ist das nur für ein Wahnsinn mit Vätern und Söhnen …

Nun kommt an der Kasse auch noch Marys Ex-Typ an. *Der* kommt wirklich umsonst rein. Er bringt nämlich sein Filmteam mit. Einen Tontechniker und einen Kameramann. Die Kamera mit dem Buchstaben HR für »Hessischer Rundfunk« reicht als Eintrittskarte völlig aus.

Ich weiß nicht, wovor Papa jetzt mehr Angst hat, vor Mama, vor Frau Müller-Supente oder vor dem Fernsehteam. Ich befürchte jedenfalls, dass er gleich nicht auftreten wird. Mein Papa drückt sich gern vor Problemen. Das hast du wahrscheinlich inzwischen auch gemerkt, liebe Leserin und lieber Leser.

Joe brüllt: »He! He, André! Rauf auf die Bühne! Wir müssen den Soundcheck durchziehen! Meinst du, ich will mich blamieren oder was?«

Joe sieht mich an. »Ist er wieder zugedröhnt?«

Ich schüttle den Kopf. »Nein, überhaupt nicht.«

»Geh du hoch«, sagt Joe. »Du weißt doch, wie das läuft.«

Ich zögere keine Sekunde. Ich finde es ziemlich gut, jetzt eine Aufgabe zu haben, hinter der ich mich verstecken kann. Ich klettere auf die Bühne hoch, setze Papas Headset auf und mache für ihn die Tonprobe. Ich höre nur Atze. Das drahtlose Mikro funktioniert auch nicht richtig. Joe holt es von der Bühne, um es neu einzustellen. Jede seiner Handbewegungen mit dem Mikrofon knistert und knirscht in meinen Ohren, als würde er versuchen mit einem Stahlbohrer und ein paar Handgranaten einen Banktresor zu knacken.

Es gibt Tage, an denen geht alles gut. Und es gibt Tage, an denen passiert immer das Schlimmste, was passieren kann. Ich habe da wohl gerade eine Serie der letzteren erwischt.

Sie kommen direkt auf die Bühne zu. Papa türmt und verschwindet in der Menge. Die *Piraten* üben ohne ihn weiter. Ich habe den Eindruck, dass sie viel zu langsam spielen, aber das soll jetzt nicht mein Problem sein. Wenn aus ihnen eine müde Rentnerband wird, meinetwegen.

Ich sitze hinter dem großen Verstärker, wo mich keiner sieht, das Headset auf dem Kopf, und höre, wie Joe am Mikro rumfummelt. Er spricht rein: »Eins, eins, eins – Felix, hörst du mich? Ist es so in Ordnung?«

»Super. Du hörst dich an wie Madonna. Nur nicht ganz so weiblich.«

Ich hätte besser keinen Scherz gemacht, denn gegen Joes Lachen ist ein Donnergrollen nur ein Mäusehusten. So ähnlich muss es sich anhören, wenn man von der S-Bahn überfahren wird.

Jetzt ist Mama mit ihrer Truppe bei Joes Mischpult angekommen.

»Ich glaube es nicht! Ich habe gerade zwanzig Euro Eintritt bezahlt für diese Horrorshow hier! Warum rufen wir nicht einfach die Polizei? Die Hälfte der Leute ist doch süchtig!«, regt Frau Flamme sich auf.

Du liebe Güte! Ich kann sie hören! Ich kann sie über das Mikro hören! Ich kriege jeden Atemzug mit, aber sie können mich nicht sehen. Ich danke dir, Joe!

Mama schimpft: »Es ist nicht das erste Mal, dass ich meinen Sohn von so einem Drogen-Festival hole.«

»Ja«, pflichtet Luise Müller-Supente ihr bei. »Sie müssen wirklich 'ne Menge mitgemacht haben. Ein Wunder, dass Felix sich doch so gut entwickelt hat.«

»Die meisten Frauen hier haben so eine ähnliche Frisur wie Sie, nur jünger als Sie sind die«, sagt mein Sklave zur Müller-Supente. Der Typ versucht sich bei ihr einzuschleimen. Allerdings muss er dafür noch viel lernen. Die Müller-Supente wirft ihm nur einen giftigen Blick zu.

»An deiner Stelle«, schreit der Richter, »würde ich den Mund halten! Du hast genug Blödsinn angerichtet! Hilf lieber mit deinen Freund Felix zu suchen oder seinen Vater! Wenn sie zugeben, dass sie dich angestiftet haben, dann kann ich ihnen die Schadensersatzklage anhängen. Wenn nicht, bist du dran, Junge.«

»Papa, das ist Erpressung!«, empört sich Susi.

»Und du bist ganz still, sonst kommst du in ein Internat!«

»Wirklich?«

»Ja, wenn du mich noch einmal nervst, dann ist meine Geduld am Ende.«

»Ich habe gelesen, dass es in der Schweiz ein schönes Internat gibt, Papa. In den Bergen, ganz nah am …«

»Du sollst den Mund halten!«

Meine Mama hat sich inzwischen bei Luise Müller-Supente eingehakt und erklärt ihr: »Eigentlich kann ich es mir gar nicht leisten, hier zu sein. Mein Friseurgeschäft läuft im Moment fantastisch. Besonders die Kosmetikberatung. Ich hatte, bis wir losgefahren sind, fünfzig Anmeldungen allein per E-Mail. Mein Telefon steht auch nicht mehr still. Mein neues Lehrmädchen muss wohl am Computer rumgespielt haben. Erst war ich total sauer und wollte sie feuern, aber dann … Sie hat zwar nur Mist gemacht, aber meine Kundinnen reagieren darauf sehr positiv.«

Während meine Mama spricht, erlebe ich einen Schweißausbruch, als ob mein Körper gegen einen tödlichen Virus kämpfen würde. Doch dann muss ich lachen. Von da droht mir jedenfalls keine Gefahr. Wenigstens einmal habe ich keinen Schaden angerichtet, sondern etwas Gutes erreicht.

»Ich werde über all das hier einen Bericht schreiben«, droht Frau Müller-Supente. »Wenn das Gutachten von unserem Psychologen nicht ausreicht, das hier reicht bestimmt! Das Sorgerecht für Ihren Sohn kann Ihr Mann vergessen. In Zukunft werden wir Felix seinem Einfluss völlig entziehen.«

Die Stimme des Richters klingt plötzlich verändert. Er rechnet: »Wir haben zwanzig Euro pro Nase bezahlt –«

»Ja, das ist eine Unverschämtheit.«

»Hier sind doch mindestens fünf-, sechshundert Leute. Das macht ... zwanzig mal hundert sind schon 2000 Euro. Mal sechs ...« Er pfeift durch die Lippen. »Wenn wir die Kasse pfänden lassen, reicht das schon fast für die Reparatur von meinem Scenic.«

Frau Müller-Supentes Stimme bekommt einen überfreundlichen Ton: »Hallooo! Sieh mal, Bärbel«, redet sie ihre Freundin an, »da ist doch unser Herr Schüller.«

Sie zieht Frau Flamme mit sich.

»Hallo Martin, was machst du denn hier? Darf ich vorstellen? Unser Psychologe vom Jugendamt, Herr Martin Schüller. Wir schätzen seine Gutachten alle sehr. Er ist eine wirkliche Koryphäe auf dem Gebiet der Familientherapie.«

»Ach, Luise, jetzt übertreibst du aber. Bist du etwa auch gekommen, um André Schnupfen mal live zu erleben?«

»Ja, woher weißt du?«

»Oh, da wird ja eine Fernsehkamera aufgebaut. Ich wusste gar nicht, dass er so berühmt ist.«

Eine Biene oder eine Wespe summt um mich herum. Ich höre sie nicht, denn das Headset auf meinem Kopf habe ich auf maximale Lautstärke gestellt. Aber sie rührt mit ihren Flügeln die Luft vor meinem Gesicht so sehr durch, dass ich es spüre, als würde mir jemand Sauerstoff zufächeln. Jetzt setzt sie sich auf meine Nase. Ich bin völlig erstarrt. Ich weiß nicht, was ich machen soll. Zuschlagen? Vielleicht sticht sie mich dann und ich zermatsche mir die Nase. Oder soll ich einfach abwarten und hoffen, dass sie weiterfliegt? Ihre Beinchen krabbeln meine Nase weiter hinunter zum einen Nasenloch. Zwei ihrer Beine befinden sich bereits im Nasenloch. Ihre Fühler spielen darin mit meinen kleinen Härchen. Ich traue mich nicht zu niesen. Der Gedanke, dass mir dieses Vieh gleich in die Nasenschleimhaut sticht, lässt mich fast ohnmächtig werden. Als ob ich nicht schon genug Probleme hätte.

»Bitte«, sag ich, »bitte, geh hier weg. Mein Blut ist giftig. Wenn du mich stichst, stirbst du.«

Vielleicht hat sie Mitleid mit mir, vielleicht ist sie grundsätzlich friedlich, vielleicht haben auch meine Worte gewirkt. Jedenfalls fliegt sie weg.

Ich atme auf. Ich lege jetzt das Headset ab und krieche mit dem Bauch auf dem Boden in Richtung Bühnenausgang. Ich muss dabei an Atze vorbei, der mich mitleidig fragt, ob mir schlecht geworden ist.

Leo ruft mir zu: »Such deinen Vater. Sag ihm, er soll kommen. Es geht jetzt los. Das Publikum will nicht länger warten. Was glaubt er, wer er ist? Mick Jagger?«

Ich könnte jetzt die Wahrheit sagen, nämlich dass er glaubt viel besser zu sein als Mick Jagger. Aber ich sage einfach gar nichts. Ich schaue Leo nur an und nicke.

Joe steckt das Mikro wieder ein.

Da packt Atze mich und zieht mich zu sich. Atze ist immer so grob. Wenn der einen streichelt, kriegt man blaue Flecken davon.

»Ich weiß, dass dein Vater jetzt Schiss hat, zu spielen. Ihm rutscht immer das Herz in die Hose, wenn er deine Mutter sieht. Aber wir kriegen für den Auftritt hier dreihundert Euro. Das lasse ich mir von ihm nicht vermasseln. Sag ihm, wenn er nicht sofort hier oben auftaucht, werde ich allen verraten, wo er beim ›17 und 4‹ seine Asse bunkert.«

»Du meinst, mein Papa schummelt?«

»Klar schummelt der. Denkst du, er ist blöd?«

Der Platz vor der Bühne ist voll. Es müsste jetzt losgehen. Die ersten vier, fünf Reihen klatschen rhythmisch und rufen: »An-fan-gen! An-fan-gen!« Nur von meinem Papa ist nichts zu sehen.

Ich kann meine Mama nicht mehr hören, aber ich sehe ihr Gesicht und weiß genau, was sie jetzt gerade zu Frau Müller-Supente sagt: »Typisch für ihn. Er war noch nie pünktlich.«

Die ersten rufen schon »Buh!« statt »Anfangen!«, da tritt Atze ans Mikrofon.

»Hallo. Ich heiß Atze und spiel bei den *Piraten*, weil das die geilste Band Mitteleuropas ist!«

Das kommt ziemlich gut rüber.

Ein Besoffener ruft: »Ja, Bravo! Yeah!« Ich vermute,

dass er auf dem falschen Konzert ist, denn er trägt ein T-Shirt von den Stone Temple Pilots.

»Und für alle Mädels, die das interessiert: Mein Zelt ist da hinten, das kleine blaue gleich hinterm Bierstand.«

Gelächter und Pfiffe.

»Und jetzt mache ich eine private Durchsage: André, ich kann verstehen, dass du Schiss hast, weil deine dusselige Frau mit denen vom Jugendamt da unten steht und dir die Hölle heiß machen will. Aber du kannst uns jetzt nicht hängen lassen. Komm auf die Bühne! Tu das Einzige, was du wirklich kannst: Spiel! Mit uns! Mit den *Piraten!*«

»Jawohl! André, wo bist du?«

»Hey, André!«

Ein paar Leute in der Menge beginnen rhythmisch zu klatschen und »An-dré, An-dré!« zu rufen.

»An-dré, An-dré, An-dré!«

»An-dré, An-dré, An-dré!«

Nun will auch Leo seinen Senf dazugeben. Er kommt zu den Bassläufen von Atze ans Mikro und ruft: »Na los, Alter! So schlimm kann die Schreckschraube nicht sein!«

»Genau! André, wo bleibst du? André, komm!«

Dann dazwischen die Stimme: »Das ist ja eine Frechheit! Haben Sie das gehört, Frau Müller-Supente? Eine Frechheit! Was erlauben sich diese Leute?«

»An Ihrer Stelle würde ich sie verklagen, Frau Schnupfen. Es erfüllt den Tatbestand der Beleidigung und öffentlichen Herabwürdigung. Das müssen Sie sich nicht gefallen lassen!«

Die erste Bierdose fliegt aus der fünften Reihe neben der großen Box auf die Bühne.

»Aaan-faaan-gen!«

Da ist er, wie aus dem Nichts: Mein Papa. Kreidebleich tritt er ans Mikrofon. Er hat sein Saxophon umhängen und bläst ein paar wehmütige Töne. Er schaut sich um. Die Band setzt ein.

Von wegen, die harten Rocker … Die spielen so einen scorpionsmäßigen Softrock. Nicht zum Aushalten. Nur was für Verliebte, die bei leiser Hintergrundmusik knutschen wollen.

Mein Vater singt nicht. Er spricht mit belegter Stimme: »Guten Abend. Ich bin's, den ihr gerufen habt. Schnupfen. André Schnupfen. Ihr habt völlig recht, wenn ihr sauer auf mich seid. Und es gefällt mir nicht, wie ihr über meine Frau geredet habt.«

»Exfrau!«, kommt von unten eine Stimme.

»Ja, ja, genau, Exfrau. Ich kann verstehen, dass sie mich verlassen hat. Ich habe mich furchtbar benommen. Ich schäme mich. Alles, was sie mir vorzuwerfen hat, ist wahr. Ich habe sie belogen und betrogen. Ja, Ute. Du hast recht. Ich bin wirklich arbeitsscheu und versoffen. Ich ruiniere alles, was ich anfasse. Ich muss mal ein anderer gewesen sein, aber das hat sich aufgelöst, in Schnaps und Bier, Joints und solchen Dreck hier.« Er hebt eine Tüte hoch, in der ein weißer Inhalt schimmert.

O nein, denke ich, o nein, Dad. Wenn du jetzt hier öffentlich mit Koks rummachst, dann …

Die Kamera ist sofort auf ihn gerichtet. Die Scheinwerfer werden heller.

»Ich habe für euch ein Lied geschrieben. Eigentlich ist es für meinen Sohn, für Felix. Aber ich schenke es euch,

euch allen! Es sind nicht einfach ein paar Töne. Darin steckt mein ganzes Leben. Was ich bisher gemacht habe, war Schrott. Nehmt das hier. Das ist die ganze Wahrheit über mich.«

Er dreht sich um, zeigt dem ergriffenen Publikum den Rücken und den Jungs von seiner Band die Zeigefinger und Mittelfinger zu einem V erhoben. Jetzt legen sie los. Der Rhythmus wird härter. Das liegt aber nur daran, dass Leo in einen falschen Takt gerät. Kurz danach ist er wieder scorpionsmäßig drauf.

Mein Papa bläst sein Saxophon nur ein wenig an und dann beginnt er:

Wollt ihr mal ein Arschloch sehen?
Dann schaut in mein Gesicht!
Bin vierzig Jahr' – doch mein lieber Sohn
ist klüger schon als ich.

Ich wage mich vor. Ich will jetzt unbedingt meine Mutter sehen. Aber ich sehe nur eine wogende Menge von Fans, in einigen Augen Tränen. Sie bewegen sich bereits im Takt. Manche haben sich untergehakt.

Ich habe so viele Frauen gehabt,
doch echte Liebe kenne ich nicht.
Ich habe kaum was mitgekriegt,
denn die meiste Zeit, da war ich dicht.

Da sehe ich meine Mama. Sie beißt in ihren Handrücken. Ich bin mir sicher, sie tut das, um nicht zu heulen. Sie kämpft sehr dagegen an. Sie will ihn weiterhassen und auf keinen Fall weich werden. Sie will sich nicht wieder von ihm einwickeln lassen. Und das kann ich auch gut verstehen.

Frau Flamme hingegen heult schon, genauso wie Mary.

Nur meinen Sklaven lässt das alles völlig kalt. Er ist gar nicht mitten im Publikum. Er rennt draußen rum und brüllt: »Meister! Meister! Wo bist du?«

Im Suff, da war ich der Größte,
doch in Wahrheit war ich nichts.
Mit Shit, da fand ich's witzig,
doch ich war nur lächerlich.
Seid nicht blöd – hört auf mich!
Werdet niemals so wie ich.
Seid nicht blöd – hört auf mich!
Werdet niemals so wie ich.

Die Ersten singen schon mit, deshalb wiederholt er den Refrain gleich noch mal:

Seid nicht blöd – hört auf mich!
Werdet niemals so wie ich.

Seine Stimme hat etwas Schluchzendes und ein bisschen Tom Waits schwingt auch mit:

Wenn ich keine Scheiße baute,
dann baute ich nur Mist.
Der Führerschein? Schon lange weg!

Nur damit ihr es wisst!
Doch bei drei Promille
kratzt mich das nicht mehr.
Im Dunst des süßen Nebels
schwanke ich hin und her.

Er steht jetzt nicht mehr auf der Bühne, er kniet. Und er spielt Saxophon, wie ich ihn nie zuvor habe spielen hören. Irgendwie klingt es so wahrhaftig, so überzeugend, so rein.

Dann setzt er es ab. Wieder hält er die weiße Tüte hoch und schreit:

Dieser Dreck hat mich beherrscht!
Damit ist jetzt Schluss!

Er wirft die Tüte hoch über die Menge. Der weiße Schnee fällt raus und rieselt herab. Einige hopsen hoch, um was davon abzukriegen. Dabei entsteht ein Tumult, in dem nicht alle hören, dass Atze ruft: »Äj, bist du bescheuert? Weißt du, was das kostet?«

Mitten im Gewühl sehe ich einen Althippie, der seiner Freundin den selbst gestrickten Pullover oben ableckt.

Ich laufe jetzt einfach zu meinem Papa und umarme ihn.

»Ich liebe dich, Papa!«, rufe ich. Zum ersten Mal in meinem Leben kriege ich auf einer Bühne wirklichen Beifall. Das ist ein tolles Gefühl!

Ich sehe die Leute und sie jubeln mir tatsächlich zu. Mir und meinem Pa.

Beim Schlagzeug klettert jetzt Frau Müller-Supente auf die Bühne. Sie schüttelt meinem Pa die Hand. Auch sie ist zu Tränen gerührt und sagt: »Wenn das Ihre wirkliche Meinung ist, dann … Sie brauchen sich keine Sorgen zu machen wegen Ihrem Sohn … Ein Mann muss immer eine zweite Chance bekommen! Das war wunderbar, ganz wunderbar. Sie sind ein Beispiel für die Jugend. Ein abschreckendes zwar, aber ein Beispiel. Oh, wenn doch auch andere so tapfer und ehrlich zu ihrer Vergangenheit stehen würden!«

Jetzt sehen mich natürlich auch mein Sklave und Susi. Ulf Nase steht links am Bühnenausgang, Susi rechts und in der Mitte würde ich in die Arme meiner Mutter laufen. Manchmal hat man im Leben nur scheinbar Alternativen.

Papa will sein Konzert fortsetzen. Die Menge fordert von ihm den Song noch einmal zu wiederholen.

Sie singen einfach: »Wollt ihr mal ein Arschloch sehen, dann schaut in mein Gesicht …«

Und er macht es, er macht es für sie. Ja, dies wird sein erster Hit. Jeder, der die Atmosphäre hier erlebt, weiß das. Morgen wird man anders über die *Piraten* sprechen. Bald schon wird sie jeder kennen. Sie haben einen Ohrwurm, einen echten Kracher.

Ich laufe Professor Nase in die Arme. Er ist überglücklich: »Meister, ich habe deinen Auftrag erfüllt. Ich habe zwar den Wagen von Richter Lange kaputtgefahren, aber ich bin da. Sei nicht böse, dass ich ein paar Tage zu spät komme, aber … es war nicht einfach. Ich hab doch keinen Führerschein. Ich kann nicht Auto fahren. Was sollen wir jetzt machen, Meister? Mein Alter erschlägt mich, wenn er für den Schaden geradestehen muss!«

Ich bin plötzlich so gut drauf. Ich habe das Gefühl,

heute gelingt mir alles. »Mach dir keine Sorgen«, sage ich. »Ich regle das.«

»Natürlich, Meister. Verzeih. Ich habe nie an dir gezweifelt.«

Mama kommt nicht zu mir durch, aber Susi, denn sie ist kleiner. Während Papas Konzert weitergeht, gehen wir ein paar Schritte zur Seite. Wir haben ja einige Dinge zu klären.

Da kommt Crazy angelaufen. »Dein Alter ist ein echter Knaller! So was Abgefahrenes hab ich noch nie erlebt! Könnt ihr meinen Pa nicht doch irgendwie mitnehmen? Wir könnten ja den Würstchenstand bei eurer nächsten Tournee machen oder …« Sie stoppt plötzlich. Es ist Susis Blick, der sie fast gefrieren lässt. Die beiden schauen sich gegenseitig an, als wollten sie sich umbringen.

»Ist das deine Neue?«, fragt Susi spitz.

»Ach, dann bist du wohl seine Alte, was?«, kontert Crazy.

»Nein«, sage ich, »wartet. Es ist alles ganz anders. Ich …«

»Ich bin dir gefolgt!«, schreit Susi. Sie zeigt auf meinen Sklaven. »Mit diesem Idioten da! Wir haben das Auto von meinem Pa geknackt und kaputtgefahren! Kannst du dir überhaupt vorstellen, welchen Ärger ich wegen dir gekriegt habe?«

Crazy pfeift durch die Lippen. »Boah, du bist ja eine richtige Gangsterbraut. Na, da will ich nicht stören. Da wünsch ich dir viel Spaß mit deiner alten Liebe. Hier«, sagt sie, »damit du mich nicht ganz vergisst«, und wirft mir das Polaroidfoto zu. Es segelt durch die Luft und landet – na, wo wohl – genau vor Susis Füßen. Dann erwischt mich Susis Hand. Mitten im Gesicht.

Mädchen können ganz schön nervig sein. Eifersüchtige Mädchen sind 'ne Landplage. Wie die japanische Grippe oder afrikanische Heuschrecken oder Musik von Heino oder ...

»Du bist echt wie dein Vater!«, schreit Susi.

Ulf, der Schrecken der Autobahn, nimmt das Foto bewundernd in die Hand. »Ja«, freut er sich. »Ein Star. Ein großer Star. Felix Schnupfen, der HOJURANI-Meister.«

Wenn ich die letzten Tage überdenke, so sind aus meinen großen Lügen wunderbare Wahrheiten geworden. Mamas Laden läuft super, Papa wird ein anständiger Mensch, aber immer wenn ich die Wahrheit gesagt habe, bin ich damit grausam gescheitert.

Ich sollte mich auf das besinnen, was ich wirklich bin: Ein HOJURANI-Meister und der größte Lügner aller Zeiten. So kann ich dem Leben ins Gesicht lachen.

HOJURANI

André Schnupfen bedankt sich
bei der Kölner Liedermacherin Bettina Göschl
für die Mitarbeit an seinem Song:

Willst du mal ein Arschloch sehen,
dann schau in mein Gesicht

Und hier geht das Abenteuer von Felix weiter ...

Ganz ehrlich?
Felix und das wahre Leben

Zweiter Teil

1

Seit dem Konzert der *Piraten* in Herborn ist es nicht nur Winter geworden, nein, mein Papa ist jetzt auch berühmt. Aber wenn ich ihn mir so ansehe, dann weiß ich eins: Erfolg ist auch nur eine Form des Scheiterns, zumindest für ihn. Er ist zwar ein Popstar. Doch alles ist geblieben, wie es war. Wir haben nur mehr Geld.

Er wohnt immer noch in der gleichen Bruchbude. Okay, Miete und Strom sind bezahlt. Es kommt auch keiner mehr pfänden, was mir eigentlich ein bisschen leidtut. Zu uns kam ein Gerichtsvollzieher namens Alfons oder Alois oder wie auch immer er hieß. Er sprach mit bayrischem Dialekt und fühlte sich hier in Köln gar nicht heimisch. Papa und er hatten sich mittlerweile schon geduzt. Er kam meist nachmittags, also kurz bevor mein Pa aufstand. Seinen Kaffee trank er gern mit Milch und viel Zucker und mir hat er manchmal bei den Matheaufgaben geholfen. Physik war geradezu sein Hobby.

Alfons hat nie was mitgenommen. Er sagte immer: »Hier ist ja nichts zu holen. Aber dein Dad muss unterschreiben, dass ich da war. Weck ihn!«

Wahrscheinlich hilft er jetzt anderen Schülern bei den Mathe- und Physikhausaufgaben. Ich vermisse ihn.

Der Duschkopf im Badezimmer tropft immer noch.

Wenn man auf »heiß« stellt, verbrüht man sich, und bei »kalt« hat man das Gefühl, nackt am Nordpol auf Robbenfang zu gehen. Die richtige Mischung klappt einfach nicht. Die Toilettenspülung hat auch noch keiner repariert. Um zu spülen muss man den Deckel vom Wasserkasten hochheben und mit den Fingern den verbogenen Plastikarm im Wasser anheben. Weil es Papa zu umständlich ist, jedes Mal den Deckel abzunehmen und dann wieder draufzulegen, liegt er einfach neben der Badewanne. Darauf stapelt sich die schmutzige Wäsche.

Im Flur ist es immer finster, weil bei der Lampe an der Decke alle Birnen kaputt sind. Papa hat sogar drei neue Birnen gekauft, aber irgendwie nie Zeit und Nerven gefunden, sie auch reinzuschrauben. Ich wollte es selber machen, aber die Dinger sind verschollen und ich habe keine Lust, tagelang in unserem Chaos danach zu suchen.

Die Rollläden an den Fenstern gingen noch nie, der Schuhschrank hat keine Griffe mehr und Gardinen fand Papa immer schon blöd. Einmal hat Atze, der Bassist der *Piraten* und Papas bester Freund, versucht, bei uns im Schlafzimmer eine neue Lampe anzubringen. Er brachte seinen Werkzeugkasten mit, weil wir so etwas nicht haben. Wozu auch? Darin hatte er außer zwei Dosen Bier, einem Päckchen Tabak und einem alten Socken tatsächlich einen abgebrochenen Schraubenzieher, einen Hammer, fünf krumme Nägel und einen uralten Schlagbohrer.

Bei der Aktion hat er nicht nur den Bohrer kaputt gemacht, sondern auch ein fußballgroßes Stück Zement aus der Decke gebrochen. Seitdem geht in der Küche die Deckenbeleuchtung nicht mehr. Zwei Steckdosen im Bad sind tot und eine in der Küche. Aber der Kühlschrank läuft noch.

Wir haben jetzt genug Geld, um all das reparieren zu lassen, daran scheitert es nicht, nein. Es sind eher die Widrigkeiten des Alltags. Kaum ist ein Termin mit den Handwerkern ausgemacht, schon ist mein Pa wieder auf Tournee. Sein Leben ist völlig aus den Fugen geraten. Falls es überhaupt jemals so etwas wie eine Ordnung gab, hat diese sich in Nichts aufgelöst. Früher war mein Dad vielleicht spontan, heute lässt er sich von den Ereignissen treiben. Ständig passiert irgendwas und alles ist unheimlich wichtig und bringt jede Menge Kohle. Da bleibt überhaupt keine Zeit, um auf Handwerker zu warten.

Die letzte Woche zum Beispiel wollte er eigentlich gerne mit mir zusammen verbringen. Wurde natürlich nichts draus. Ich saß die meiste Zeit alleine in der »überdachten Müllhalde«, wie Mama Papas Wohnung gerne nennt.

Am Montag wollten wir Pizza essen gehen, aber dann wurde er kurzfristig in eine Talkshow eingeladen, weil denen ein Gast ausgefallen war. Sie haben ihm fünfhundert Euro für den Abend gezahlt und dazu ein gutes Hotelzimmer. Hingefahren ist er dann aber eigentlich nur, weil er die Moderatorin süß fand. Deswegen kam er auch nicht, wie geplant, am Dienstag zurück, sondern erst am Mittwoch. Da hatte die Band eine Probe. Das war eigentlich auch nicht so geplant, aber weil Leo, der Drummer, nach seinem Drogenentzug eine Therapie macht, musste ein neuer eingearbeitet werden. Es ist schon der vierte Neue, der sich vorstellt. Keiner von ihnen hat was mit Alkohol oder Drogen am Hut, denn so einen würden die *Piraten* nie nehmen, seit sie eine Anti-Drogen-Band sind.

Also, clean sind die Schlagzeuger alle, die sich vorstellen. Nur gut sind sie nicht. Wer kann schon so rauschhaft einen Rhythmus schlagen wie Leo ohne high zu sein?

Am Donnerstag waren zwei Schülerinnen vom Deutzer Gymnasium hier, 11. Klasse, Leistungskurs Deutsch. Sie schreiben einen Aufsatz über meinen Papa, das muss man sich mal vorstellen! Sein Lied *Willst du mal ein Arschloch sehen, dann schau in mein Gesicht* hat ihr Deutschlehrer fotokopiert und im Unterricht verteilt. Der Deutschlehrer ist Mitherausgeber eines neuen Lesebuchs. Auch darin soll Papas Text erscheinen, mit Kommentaren der Schüler. Klar, da kann er nicht Nein sagen.

Am Abend wollten wir ins Cinedome und den neuen Film von Miguel Alexandre anschauen, aber die *Eisbären*, eine im Moment total angesagte Hip-Hop-Band, spielte im Tanzgarten. Sie haben meinen Papa angerufen, weil sie sich mit ihm besaufen wollten. Seitdem mein Papa aber der Chef einer Anti-Drogen-Band ist, nennt er so was: »Ich bin da Ehrengast.«

Am Freitag sollte er zum Elternsprechtag in meine Schule gehen, er hatte aber »einen schweren Kopf«. Nicht dass jetzt jemand denkt, er hätte mit den Jungs von der Band doch eins zu viel getrunken. Nein, das kann er sich als Vorbild der Jugend gar nicht mehr leisten. Aber einer von den Hip-Hoppern muss wohl einen schlimmen Grippevirus verteilt haben, mit Kopfweh und Magen- und Darmproblemen.

Gegen Nachmittag ging es ihm besser. Wir hätten beinahe den Kinobesuch nachgeholt, aber einer vom Vorstand der AOK wollte ihn sprechen. Oder war es die Barmer Ersatzkasse? Ich weiß es nicht mehr genau. Jedenfalls war es eine Krankenkasse, mit der er früher immer besonders viel Ärger gehabt hat, weil er die Rechnungen in so unregelmäßigen Zeitabständen beglichen hat. Ich glaube, kurz bevor er Popstar wurde, haben sie ihn sogar aus ihrer Versicherung rausgeschmissen. Jetzt ist er auf den Titelseiten ihrer Mitteilungsblätter. Darunter steht:

Drogen sind gemein:
Sie tun so, als seien sie dein Freund,
doch sie sind dein Feind.

Er muss es wissen. Er hat zwanzig Jahre seines Lebens zugedröhnt verbracht. Jetzt schmeißt ihn natürlich keiner mehr aus der Krankenkasse. Er ist so etwas wie ein Ehrenmitglied geworden. Ich glaube, am Freitag ging es darum, dass der Gebietsleiter einer anderen Krankenkasse versucht hat, Papa abzuwerben und zu sich rüberzuziehen. Er soll einen neuen Song für die Krankenkasse schreiben. Sie wollen dann eine CD produzieren und die kostenlos an all ihre Mitglieder unter zwanzig Jahren verschicken. Es geht um eine Auflage von mehr als 50.000 CDs. Dafür geht selbst ein Freak wie mein Papa schon mal mit einem Krankenkassenfuzzi essen.

Diese Treffen finden nie bei uns statt. Meistens im Latino, einem Restaurant in unserer Nähe. Mein Papa hat dort inzwischen schon so viele berühmte Leute hingebracht, dass er, wenn wir mal alleine hingehen, sein Essen gar nicht mehr bezahlen muss, sondern wir Gast des Hauses sind. Das wäre nicht nötig, denn wir haben jetzt genug Geld, um unser Essen zu bezahlen.

Als das noch nicht so war, hat uns niemand was spendiert. Höchstens mal die Gabi an der Pommesbude.

Am Samstag hätten wir eigentlich wirklich Zeit füreinander gehabt, denn ein Konzert der *Piraten* fiel aus, weil eine andere Band, ich glaube, es war Gerd Köster mit seiner Truppe, sieh weigerte, zusammen mit »diesem verlogenen Arschloch« aufzutreten. Aber Papa hatte dann doch wieder keine Zeit für mich, denn eine der Schülerinnen vom Deutzer Gymnasium hat sich wohl damit gebrüstet, meinen Papa verführt zu haben. Das wiederum fand ihre Mama überhaupt nicht originell. Sie erschien aufgeregt bei uns zu Hause und brachte gleich ihren Anwalt mit. Der war vom Zustand unserer Wohnung so geschockt, dass er sich nicht mal setzte. Er forderte Papa aber auf, dem Mädchen ein Schmerzensgeld von 5000 Euro zu zahlen, sonst würde er ihn vor Gericht zerren und alles der Presse übergeben. An Papas Gesicht sah ich, dass er diesmal – so irre es klingt – wirklich unschuldig war. Er hat den Anwalt dann auf 2500 Euro runtergehandelt. Auch die Mutter der Schülerin schien damit einverstanden zu sein.

Am Abend kam Atze. Er hat bei einer Brauerei unterschrieben, die ein Bier »*Die Piraten*« nennen und die Köpfe der Band auf die Kronkorken drucken wollen. Das ist natürlich nichts für eine Anti-Drogen-Band. Papa versuchte Atze das auszureden, aber der kann sich überhaupt keine größere Ehrung vorstellen, als seinen Kopf auf dem Kronkorken einer Bierflasche zu sehen. »Das ist noch besser als auf einer Briefmarke«, freute sich Atze.

Am Sonntag stand bereits morgens um neun die Gymnasiastin heulend vor der Tür und bat meinen Papa um Entschuldigung. Sie habe ja nicht wissen können, dass ihre Mutter so hysterisch reagiere. Sie hätte das alles nur erfunden. In Wirklichkeit hatte sie noch nie einen Freund, während all ihre Freundinnen …

Nun, mein Papa ist ein verständnisvoller Mensch. Er gab ihr sogar Freikarten für das nächste Konzert. Am Abend war er dann bei der Mutter und dem Anwalt, um die Absprachen rückgängig zu machen.

Wie ihr seht, hatten wir eine bewegte Woche.

Meine Eltern haben sich inzwischen darauf geeinigt, dass ich nur noch alle zwei Wochen umziehen muss und nicht mehr eine Woche bei meinem Vater und eine bei meiner Mutter lebe. Meine Ma glaubt, dieses ständige Hin und Her sei gar nicht gut für mich. Kaum bin ich bei einem der beiden richtig angekommen, ist die Woche auch schon vorbei. Meinem Pa war das ziemlich egal und mich hat leider niemand gefragt. Meiner Mutter wäre es am liebsten gewesen, wenn wir nur noch monatlich wechseln würden, aber da habe ich gestreikt. Vier Wochen am Stück Chaos ist genauso schlimm wie vier Wochen Pünktlichkeit und Ordnung.

Nun kann man behaupten, dass mein Papa ja sowieso keine Zeit mehr für mich hat. Ich sehe das aber anders: Ich habe jetzt eine Menge Zeit für mich selbst.

Wir telefonieren auch nicht mehr hinter den Handwerkern her. Nein. Papa hat versprochen, dass wir einfach in eine neue Wohnung umziehen. In eine schönere, größere, hellere, in der alles in Ordnung ist. Nur müsste er die Zeit haben, eine zu suchen.

Ich könnte das machen, sagt er. Nur könnt ihr euch vorstellen, wie das wirkt, wenn bei einer Wohnungsbesichtigung, am besten in so einer Villa mit zwei- bis dreitausend Euro Monatsmiete, ein Zwölfjähriger erscheint, der, weil er so klein ist, eher so aussieht, als wäre er zehn?

Ob die mich als Verhandlungspartner ernst nehmen würden?

Nein, tun sie nicht.

»Mein Papa hat mich aber gebeten, das alles für ihn zu regeln. Ich habe früher auch immer alles für ihn geregelt. Wenn er mal den Strom nicht bezahlen konnte, wenn was aus dem Pfandhaus geholt werden musste oder so ...«

Das bringt einem sicher viel Vertrauen bei den Vermietern ein. Allerdings nur, wenn sie völlig verblödet sind.

Außerdem habe ich ganz andere Probleme. Ich kann mich nicht um eine neue Wohnung kümmern, weil ich Stress mit meinem Sklaven habe. Ja, ihr habt schon richtig gehört: Sklave. Aber es ist eben nicht mehr so, wie es in den Geschichtsbüchern steht. Man kauft Sklaven nicht mehr auf dem Markt und dann gehören sie einem. Nein, heutzutage läuft das anders. Wenn man heute einen Sklaven möchte, muss man jemanden davon überzeugen, dass es total toll ist, Sklave zu sein. Oder zumindest, dass es sich lohnt. – Das ist mir gelungen. Zunächst sah alles ganz klasse aus. Ich konnte Ulf Pappnase Bauer, den schlimmsten Schüler unserer Klasse, Stadtmeister im Boxen, Albtraum der jüngeren Schüler, ein Ekelpaket für die meisten Mädchen, davon überzeugen, dass er nur dann HOJURANI-Meister werden kann, wenn er vorher ein Jahr lang durch eine harte Lehre geht und mir als Sklave treu dient.

Susi Lange, seine ehemalige Freundin, die danach kurze Zeit in mich verknallt war, genauso. Susi ist nicht mehr in mich verliebt, aber sie besteht weiterhin darauf, meine Sklavin werden zu wollen. Ich glaube, dass Susi richtig hinterhältig ist. Sie weiß genau, dass ich kein HOJURANI-Meister bin und niemandem die Fähigkeit geben kann, Gedanken anderer zu lesen und zu beeinflussen. Schließlich wurde ihr Gehirn nicht im Boxring matschig geschlagen. Wahrscheinlich malt sie sich in ihren Rachefantasien aus, was unser junger Klitschko mit mir anstellen wird, wenn er es herausfindet. Nur deshalb bleibt sie dabei.

Vielleicht will sie auch nur sehen, wie weit man jemanden treiben kann, wenn man ihm verspricht, er könne danach die Gedanken der Menschen lesen und beeinflussen. Möglicherweise gibt es auch noch einen ganz klitzekleinen Teil in Susis wachem Verstand, der die Möglichkeit nicht völlig ausschließt, dass doch etwas an der Sache dran ist. Immerhin glaubt sie, ich hätte Ulf per Gedankenübertragung dazu gebracht, den Wagen ihres Vaters zu stehlen und zu Schrott zu fahren. Dass Pappnase Ulf Stadtmeister im Boxen geworden ist, geht auch auf mein Konto. Ich habe dafür gesorgt, dass sein Gegner die Hände runter-

nahm, damit unser Schlaumeier ihm in Ruhe eine rein-
semmeln konnte.*

Und, was natürlich alle stutzig macht: Ich habe aus
meinem Papa, den alle als den letzten versoffenen Versager
kannten, einen Star gemacht. Ein Idol und ein Vorbild für
die Jugend. Einen, dessen Texte bald in Schulbüchern stehen werden.

Und das alles nur durch die Kunst des Lügens. Darin
bin ich nämlich wirklich Meister. Der größte Lügner aller
Zeiten – ist das etwa nichts?

Aber jetzt hat mein Sklave eine neue Freundin. Sie heißt
Anne. Die weiß anscheinend nicht, mit wem sie sich da
eingelassen hat. Wetten, dass sie schreiend davonläuft,
wenn sie die Wahrheit über den Schlägertypen Ulf erfährt?

Kaum ging Pappnase Ulf mit Anne, schon wurde er
auch für Susi wieder interessant. Jedenfalls kommt es mir
so vor, als hätten mit Ulfs neuer Freundin meine Probleme erst richtig angefangen.

Der erste Schnee fiel und blieb auch liegen, was in Köln
ein Ereignis ist, über das sogar die Zeitungen berichten.
Dann kommen gleich die Räumkommandos und beseiti-
gen jeden Hinweis auf den Winter. Ganz so, als sei es un-
anständig, wenn an ein paar Stellen der Stadt weiße Flecken zu sehen wären.

An diesem ersten Schneetag also, morgens auf dem
Schulweg, fragt mein Sklave höflich, während er meine
Tasche trägt: »Meister, darf ich dich um etwas bitten?«

* Lies nach in: »Echt jetzt? – Felix und das wahre Leben, Band 1«.

Es hört sich geradezu unterwürfig an, aber ich ahne gleich, dass für mich nichts Gutes dabei herauskommt. Also antworte ich so unwirsch und streng wie um diese Zeit nur möglich: »Ja, aber mach schnell. *Ich spüre eine tiefe Erschütterung der Macht.* Irgendwo in meiner Nähe muss sich ein HOJURANI-Meister in großer Gefahr befinden.«

Mit dem Satz *Ich spüre eine tiefe Erschütterung der Macht* schinde ich bei meinem ergebenen Diener großen Eindruck, denn er ist ein Star-Wars-Fan. Er kennt solche Sprüche von den Jedi-Rittern und ich bin ja für ihn etwas Ähnliches. Nur dass ich kein Lichtschwert habe und keine Galaxien rette.

Gleich wird er unsicher und beginnt zu stammeln: »Es ist nur, weil ... «

»Beiß dir nicht die Lippe blutig, sprich!«

»Ich weiß, dass du der große HOJURANI-Meister bist. Und du wirst mir eines Tages das Wissen geben, damit ich werden kann wie du. Aber ... «

»Aber was?«

»Aber ich brauche einen neuen Beweis.«

Ich fauche ihn an: »Dachte ich es mir doch, du Ungläubiger!« Ich entreiße ihm meine Tasche. »Gib her. Ich kann sie selber tragen! Du bist nicht mehr mein Sklave! Verschwinde! Aus dir wird nie ein HOJURANI-Meister! Du glaubst ja nicht mal, was du siehst! Habe ich nicht aus dir einen Stadtmeister im Boxen gemacht? Habe ich nicht ... « Ich muss die Aufzählung gar nicht weiterführen. Er wehrt erschrocken ab: »Bitte, Meister, lass mich deine Tasche tragen. Es ist ja nur wegen ... na ja, weil, eben ... «

»Wegen deiner neuen Freundin, stimmt's?«

»Ja, Meister.«

Sofort spürt er wieder, dass ich wirklich seine Gedanken lesen kann. Also mache ich weiter:

»Sie glaubt, ich hätte das nur erfunden, damit du alles für mich tust. Hab ich recht?«

Schon spricht er es aus: »Meister, du kannst wirklich Gedanken lesen. Genau so ist es. Sie sagt, du hättest mich reingelegt.«

»Und was willst du dann noch hier? Hau doch ab! Geh zu ihr. Sag: Ja, du hast recht, red ihr nach dem Mund, werde ihr Sklave. Nur, sie wird aus dir keinen HOJURANI-Meister machen.«

»Meister, ich wollte dir einen Vorschlag machen. Ich wollte …«

»Du wolltest mir vorschlagen, dass ich einen neuen Beweis erbringen soll, damit sie auch an meine Fähigkeiten glaubt.«

»Ja, Meister, genau das.«

»Ein HOJURANI-Meister hat es nicht nötig, Beweise zu erbringen. Außerdem habe ich es schon oft genug getan! Es reicht mir, meine Geduld ist erschöpft. Ich muss mich wichtigeren Sachen widmen.«

»Die Erschütterung der Macht, Meister, ich weiß. Ist jemand von der dunklen Seite gekommen? Gibt es so etwas?«

»Wo Licht ist«, sage ich, »ist auch Schatten. Manchmal, wenn man das Wissen dem Falschen überträgt, kann es sein, dass er nicht versteht damit umzugehen. Dass er es nutzt für Habgier oder …«

»Deshalb gibt es so ein strenges Auswahlverfahren, stimmt's, Meister?«

»Ja. Man muss Demut lernen, bevor man herrschen kann.«

»Deshalb muss ich dir erst ein Jahr lang dienen, bevor du mir das Wissen geben darfst?«

»Natürlich! Und nun belästige mich nicht länger mit diesen Blödheiten. Komm heute nach der Schule und putz die Treppe bei uns.«

»Habt ihr keine Putzfrau?«

»Die musste kündigen, weil ihr Mann eifersüchtig geworden ist und sich scheiden lassen wollte ... Aber das ist eine andere Sache.«

»Ich komme natürlich, Meister, und erledige das.«

»Unser Keller muss auch entrümpelt werden und außerdem – kannst du eine Toilettenspülung reparieren?«

»Ich werde mir Mühe geben, Meister.«

Wir kommen an Susis Haus vorbei. Sie darf nicht mehr mit uns zusammen zur Schule gehen, seit unser boxender Rennfahrer den Renault Scenic von ihrem Papa kaputtgefahren hat. Richter Lange bringt sie jeden Morgen selbst zur Schule. Er hat den Renault nicht reparieren lassen, sondern sich einen neuen Mercedes gekauft, der mit einer Alarmanlage gesichert ist wie die Bank von England.

»Aber, Meister, vielleicht wird auch sie deine Sklavin werden, wenn du mir hilfst.«

»Was brauche ich noch eine Sklavin? Ich habe dafür gar keine Zeit. Ist sie dir so wichtig? Du weißt doch: Wenn du ein HOJURANI-Meister bist, werden die Mädchen Schlange stehen, um mit dir gehen zu dürfen.«

»Ja, Meister«, antwortet er kleinlaut, »ich weiß. Aber ich habe mich wirklich richtig in sie verliebt. Kannst du mir nicht helfen? Es ist doch eine Kleinigkeit für dich.«

»Was?«, schreie ich. »Du erwartest allen Ernstes von mir, dass ich mich von irgend so einer Göre aus der fünften Klasse auf die Probe stellen lasse? Ich muss mich um andere Probleme kümmern.«

»Meister, bitte! Ich stehe sonst da wie der letzte Idiot!«

»Nein!«

Jetzt heult er fast. Das sieht komisch aus. Der Junge, vor dem fast alle Angst haben, der immer erst zuschlägt und dann fragt, beißt sich die Lippe blutig und heult.

»Was ist denn nun schon wieder?«

»Ich hab's ihr versprochen, Meister. Ich habe ihr gesagt, dass du bereit bist dich der Probe zu stellen.«

»Wie konntest du so was machen?«

»Ich dachte, du würdest mir den Gefallen tun.« Jetzt heult er richtig los. Ich kann seine Stimme kaum noch verstehen. »Es ist immer das Gleiche. Für mich tut nie jemand was. Das ist bei uns zu Hause auch so. Ich muss immer schuften und machen und tun und was bekomme ich dafür? Gar nichts! Man bemerkt es nicht mal! Wenn ich nicht gerade zuschlage und Ärger mache, bin ich Luft für alle und keiner nimmt mich zur Kenntnis.«

»Doch«, sage ich, »*ich* nehme dich zur Kenntnis. Immerhin bist du mein Sklave.«

Er schüttelt den Kopf. »Du bist auch nicht anders als die anderen.«

»Nun hör aber auf!«

»Ach, Meister. Ich habe das Treppenhaus doch längst

geputzt, gestern. Du hast mir den Auftrag bereits vorges-
tern erteilt.«

»Soso. Hm. Nun, dann putzt du es eben noch mal. Du
hast es wohl einfach nicht sorgfältig genug gemacht«, lüge
ich. »Und nun heul nicht mehr. Das sieht ja furchtbar aus.
Alles wird gut.«

»Heißt das, du machst es, Meister?«, schnieft er.

Keine Ahnung, warum ich Ja sage. Manchmal mache
ich so blöde Sachen. Hinterher ärgere ich mich dann. Da
bin ich wahrscheinlich wie mein Vater. Der redet auch
meistens erst und denkt dann nach. Aber mit Hilfe der
Kunst des Lügens werde ich die Sache schon schaukeln.

2

Seit es das Internet gibt, sind Hausaufgaben ja überhaupt kein Problem mehr. Man muss nur die richtige Website kennen. Was man früher mühsam erarbeiten musste, lädt man sich heute per Mausklick herunter. Die richtigen Versager brauchen fünf, sechs Links, um zu einem Aufsatz über die Spartaner zu gelangen, über das Komma bei Schiller oder das Ausrufezeichen bei Goethe. Aber selbst für solche Penner sind die Hausaufgaben in ein paar Minuten erledigt.

Stobbe, unser Mathelehrer, blickt das langsam auch. Man munkelt, er hätte einen Wochenend-Computerkurs gemacht und wisse jetzt endlich, was das World Wide Web ist. Ich glaube aber eher, dass er manchmal seinen Sohn fragt. Stobbe ist doch schon mehr ein Komposti als ein Grufti. Der schnallt das doch nicht von allein.

Ganz anders Frau Flamme. Da muss man vorsichtig sein. Sie hat natürlich nichts dagegen, wenn wir auch zu Hause am Computer arbeiten. Schließlich sagt sie immer, dass wir ja nicht für die Schule, sondern fürs Leben lernen. Und da brauche man so etwas. Sie kennt sich aus im Web. Ich weiß, dass sie dort nach einem Mann sucht, und ich weiß auch, in welchem Teich sie fischt: Sie hat ihr Notizbuch immer offen auf dem Lehrertisch liegen. Darin ist www.flirtline.de mit Rot eingetragen. Darunter steht noch: Singlematch am Dienstag!

Als HOJURANI-Meister reizt es mich natürlich, meine Lehrerin an die Leine zu legen. So lange hatte sie Macht über mich und unsere ganze Klasse. Sie glaubt all meine Schwächen zu kennen und auch die von meinem Vater. Sie ist ja wirklich eine nette Frau. Ich mag ihren Vanilleduft. Aber ich habe auch immer das Gefühl, sie will uns beherrschen. Vielleicht findet sie deshalb auch meinen Pa so toll.

Ich habe das im Friseurgeschäft meiner Mutter oft mitgekriegt. Einige Frauen stehen einfach auf Verlierer. Nur deshalb haben Typen wie mein Papa eine Chance. Die Frauen können sich ihnen gegenüber immer überlegen fühlen, ihnen helfen, sie aufbauen. Und dabei wollen sie doch nur alle Fäden in der Hand haben. Ich werde das Gefühl nicht los, sie täuschen damit nur über ihre eigenen Schwächen hinweg. Wenn Frau Flamme zum Beispiel im Internet flirtet, macht sie das, weil sie glaubt, dass dort das Spiel nach ihren Regeln läuft.

Wenn ich die Zeit bei meiner Mama verbringe, bin ich lange nicht so uneingeschränkt wie bei meinem Papa. Ich kriege von ihr viel Aufmerksamkeit, wie sie das nennt. Ich finde eher, dass sie mich kontrolliert. Aber sie hat mir immerhin einen Laptop gekauft, damit ich den Anschluss an die Zukunft nicht verliere. Sie selber hat ja die Erfahrung gemacht, dass, seit sie einen Computer besitzt, in ihrem Friseurgeschäft der Kosmetikboom ausgebrochen ist.

Jetzt sitze ich bei Papa und habe mich mit dem Laptop bei flirtline.de eingeloggt. Es sind gut zweihundert Besucher im Chat. Welchen Namen mag Frau Flamme wohl benutzen? Nennt sie sich Haifisch? Zauberfee? Traumfrau? Pretty Woman? Oder Paula II, Emma I?

Ich habe erst gar nicht versucht es zu erraten. Stattdessen habe ich einen Köder ausgelegt. Ich nenne mich Blue Marlin und gebe mir eine Beschreibung, von der ich weiß, dass sie darauf fliegt:

Vierzig Jahre, Single. Nachdem meine Frau nach schwerer Krankheit verstorben ist, erziehe ich jetzt meine zwei Kinder alleine. Ich bin künstlerisch veranlagt, die Stones sind für mich immer noch die Größten und »Satisfaction« ist mein Lieblingslied. Ich bin nicht an oberflächlichen Beziehungen interessiert. Weil ich abends meine Kinder nicht alleine lassen will – sie haben durch den Tod der Mutti schon genug gelitten –, bleibe ich zu Hause, höre alte Platten und suche nun im Internet eine Partnerin, die auch einen großen Verlust oder eine Enttäuschung hinter sich hat.

Ich bin erst dreißig Minuten im Netz und es gibt bereits vierzehn Frauen und drei Männer, die mich trösten wollen. Wildkatze, Puppe, SexyHexy, ZuckerMausi, Mona-Lisa, Rosenherz, Dreamboy, Kaktus, Feuerschwert …

Da weiß ich gleich: Das ist sie. Sie trumpft sofort mit ihrem Literaturwissen auf und analysiert mich.

Blue Marlin? Das sind doch die Schwertfische, die Hemingway vor Kuba gefangen hat. Ich habe »Der alte

Mann und das Meer« schon gelesen, als ich fünfzehn war.
Ich habe immer davon geträumt, mich in einen Fischer zu
verlieben. In einen, der den Kampf mit den Naturgewal-
ten aufnimmt.

Ja, gebe ich bescheiden zu, *ich kenne das Buch auch.*
(Stimmt gar nicht, aber ich habe den Film gesehen). *Aller-*
dings habe ich nie so große Fische in der Karibik geangelt,
sondern nur ein paar Teichforellen. Für eine größere Reise
fehlt mir das Geld.

Sie schlägt mir gleich vor diesen Traum mit mir zu teilen,
während MonaLisa sofort abspringt, weil ihr Exfreund
ein Angler gewesen sei und einen Typen mit so einem
öden Hobby wolle sie nie wieder haben. Der habe sein
halbes Leben an Flüssen verbracht, über Haken, Schnüre
und Köder gefachsimpelt, während sie zu Hause auf ihn
gewartet habe. Außerdem wolle sie nie wieder Fischge-
ruch in ihrer Küche haben.
Sofort versichert mir Feuerschwert, dass sie Fisch liebe,
es sei ihr Lieblingsgericht. Sie fragt, wie ich ihn denn am
liebsten habe. Ich erzähle, meinen letzten Aal hätte ich
einfach mit Pfeffer und Salz in der Pfanne gebraten, dazu
nur ein paar Tropfen Zitrone. (Genau so hab ich's mit
Papa gemacht, wir hatten nichts anderes im Haus und es
schmeckte ganz gut.) Feuerschwert ist begeistert: Sie *liebe*
die minimalistische Küche. Ich habe zwar keine Ahnung,
was das ist, aber offensichtlich bereitet mein Papa seine
Fische so zu.
So geht es noch eine Weile hin und her. Sie habe Lust,

zu meinen Fischen Basmatireis zu kochen, Aal, Zander, Karpfen oder Forelle, das sei ihr egal. Sie versucht sich durch die Blume bei mir eine Einladung zu verschaffen. Oder sagen wir: durch den Magen.

Nun weiß ich nicht, ob man unbedingt mit seiner Lehrerin ein Date im Internet ausmachen soll. Sie will gern ein Foto von mir sehen. Ich gehe im Internet auf eine Fan-Seite der *Wache* und lade mir ein Foto meines Lieblingsschauspielers Bernd Jäger van Boxen herunter. Zum Glück scheint Frau Flamme kein Fan der *Wache* zu sein, sonst hätte sie ihn ja wohl erkannt.

Sie ist von dem Bild begeistert. Jetzt schickt sie mir gleich welche von sich. Auf den Bildern sieht sie viel besser aus als in der Schule. Sie entschuldigt sich gleich, dass sie nur diese Urlaubsfotos habe, und gesteht, dass sie am liebsten Urlaub auf Mallorca mache, allerdings gefalle ihr das immer weniger gut durch die vielen Ballermann-Touristen. Doch sie kenne Ecken, wo es noch richtig ruhig sei, und am liebsten würde sie mir die auch gleich zeigen.

Wildkatze schaltet sich ein und fragt, ob sie schon mal das Aufgebot für unsere Hochzeit bestellen solle und ob wir kirchlich heiraten wollen oder lieber nur standesamtlich.

Dann bekomme ich eine Warnung von Kaktus. Er kenne Feuerschwert genau. Die sei lange nicht so abenteuerlustig, wie sie tue, sondern in Wirklichkeit eine ganz verklemmte Ziege. Im Grunde eine Männerhasserin und ich solle nur vorsichtig sein. Ob ich denn gar nicht merken würde, wie sehr die Spinne ihr Netz um mich webt?

Das wiederum findet Frau Flamme gar nicht lustig.

Jetzt ist der passende Moment für mich, auszusteigen. So kann Frau Flamme sich nämlich nicht sicher sein, ob sie mich an der Leine hat oder ob ich ihr ausgekommen bin. Ich lüge ihr vor, dass meine kleine Tochter weinend mit ihrem Teddy im Arm im Türrahmen steht und ich sie jetzt erst mal trösten und ihr eine Geschichte vorlesen muss, damit sie wieder einschläft. Ich logge mich aus ohne eine Antwort abzuwarten. Ich wette: Frau Flamme ist nächsten Dienstag mit Sicherheit wieder in der Flirtline.

Am Morgen, als ich sie in der Schule erlebe und sehe, wie sehr es sie fertig macht, wenn jemand nicht aufpasst oder etwas nicht kapiert hat, tut sie mir ein bisschen leid. Sie nimmt das alles viel zu persönlich. Ich stelle mir vor, wie sie im Bikini mit braun gebrannten Beinen und einem strahlenden Lächeln an der Tafel auf und ab läuft, und irgendwie gefällt sie mir dann viel besser.

Das fällt ihr wohl auf, denn sie sagt: »Felix, du bist ja heute so aufmerksam.«

Frau Flamme lässt mich meinen Aufsatz über »Das Pro und Contra von Fastfood« vorlesen. Sie merkt gleich nach den ersten Sätzen, was los ist.

»Den hast du aus dem Internet, Felix. Stimmt's?«

Nun, ich bin zwar nicht wirklich ein HOJURANI-Meister, wie ihr wisst, sondern der größte Lügner aller Zeiten – und stolz darauf. Aber es gibt Situationen, da ist es besser, man sagt schlicht die Wahrheit. Das hilft einem nämlich beim Lügen. Wenn man manchmal eine überprüfbare Wahrheit von sich gibt, dann glauben die anderen einem beim nächsten Mal eher, was man ihnen vorlügt.

Frau Flamme meckert nicht rum, o nein. Sie sagt: »Dem Wissen ist es egal, wie man es erlangt. Man kann gar nicht alles im Kopf haben. Man muss nur wissen, wo man nachschlagen kann. Wo man findet, was man sucht. Das hast du sehr gut gemacht, Felix. Wo hast du es denn gefunden?«

Ich erkläre ihr den Weg über nur zwei Links. Sie nickt, schreibt sich das sogar mit, denn wahrscheinlich ist ihr Weg viel länger. Dann sagt sie: »Nehmt euch ein Beispiel an Felix. Wenn man mal nicht weiterweiß, kann man das Internet als Quelle nutzen. Computer sind nämlich nicht nur dazu da, um dumme Ballerspiele zu spielen.«

In einigen Gesichtern sehe ich völliges Unverständnis. Zum Beispiel bei meinem Sklaven Ulf. Er hat doch immer geglaubt, die Benutzung des Internets sei eine Art Schummeln. Er hat es heimlich getan und fand sich unheimlich clever, weil es keiner gemerkt hat.

Jetzt geht mir gerade etwas auf. Vielleicht sind unsere Lehrer genauso verlogen wie ich. Vielleicht haben sie in diesem Fall uns an der Leine. Vielleicht wollen sie, dass wir das Internet benutzen. Vielleicht steht das sogar groß in den Lehrplänen:

Alle Lehrer müssen dafür sorgen, dass die
Schüler sich im World Wide Web auskennen.

Und sie wissen natürlich eins: Wenn sie wollen, dass wir etwas auch ganz bestimmt machen, dann müssen sie es uns verbieten. Ich wette, wenn sie uns morgen verbieten würden Bücher zu lesen oder im Lexikon nachzuschlagen, würden Ulf und seine Freunde auch noch ihr letztes

Taschengeld in die Buchhandlungen tragen. Aber das Einzige, was die Jungs in unserer Klasse freiwillig lesen, sind Bücher, die alle Lehrer doof finden. Stephen King und Wolfgang Hohlbein zum Beispiel. Was ist denn, wenn die Lehrer uns nur reinlegen, und in Wirklichkeit mögen sie solche Bücher selber?

Susi schielt zu mir rüber.

Mein Papa und seine Band haben T-Shirts gemacht. Ich trage auch eins. Wir kriegen die ja umsonst und haben genug davon. Aber wer rennt schon im Winter im T-Shirt rum? Ich trage also darüber noch ein Jeanshemd. Jetzt knöpfe ich es auf, denn in der Klasse ist es bullig warm. Es gibt hier nur zwei Extreme: Entweder die Heizung geht gar nicht oder sie fachen ein Fegefeuer an, als wollten sie uns auf die Hölle vorbereiten.

Susi tut, als fände sie mein T-Shirt total doof. Aber das kenne ich. Wenn sie etwas nicht hat, aber gerne haben möchte, dann tut sie so, als wäre es das Letzte für sie.

Auf meinem T-Shirt sind Fotos der *Piraten*: Mein Papa André, Atze, Mick und Leo. Also noch die Besetzung, bevor Leo in die Klinik ging. Darunter steht:

Die Piraten
Keine Drogen! – Und keine Volksmusik!
Klarer Kopf! – Und cooler Sound!

Das T-Shirt musste zweimal gedruckt werden. Die ersten hundert Exemplare waren im Grunde zum Wegschmeißen. So eins trage ich. Atze hat auf dem Foto nämlich eine selbst gedrehte Zigarette im Mund, die aussieht wie ein

Joint. Und das passt überhaupt nicht mehr zum Image der *Piraten*. Nicht mal Filterzigaretten sind drin. Auch keine Lights. Neulich beklagte sich Mick, er bekäme schon ein schlechtes Gewissen, wenn er zu starken Bohnenkaffee trinke.

Steffen, der Sohn unseres Apothekers, dreht sich schon zum dritten Mal um und mustert mich. Jetzt fragt er leise: »Verkaufst du mir dein T-Shirt?«

Ich lache. »Du hast doch selber eins.«

»Ja. Mein Papa verkauft sie sogar im Laden. Und eins hängt im Schaufenster. Aber er hat nur die offiziellen. Ich will so eins.«

Er hält mir zwanzig Euro hin, aber ich schüttle den Kopf. Ich mag ihn nicht, weil er glaubt, dass man alles kaufen kann. Der denkt auch, dass er ein Mädchen ab-knutschen darf, wenn er ihr einen Eisbecher spendiert.

Ich habe jetzt erst mal ganz andere Sorgen.

Wir leben in einer verlogenen Welt und es gewinnt nicht der, der am klügsten ist. Schon gar nicht der Stärkste – das sieht man an Pappnase Ulf. Es gewinnt der, dem es gelingt, die anderen mit einer Lüge an die Leine zu nehmen. Und ich brauche jetzt eine verdammt gute Lüge, denn Ulf und Anne warten nach der Schule auf mich.

Susi will auch dabei sein. Sie hat ihrem Vater erzählt, heute Nachmittag würde sie einen Handarbeitskurs be-suchen. Ihm ist das recht, denn er ist bis siebzehn Uhr damit beschäftigt, Recht zu sprechen.

Deshalb zögere ich wohl die Klasse zu verlassen. Ich mache ganz langsam, warte auf eine Eingebung.

Manchmal ist das Universum ja großzügig und schenkt

so einem Möchtegern-HOJURANI-Meister wie mir einen Geistesblitz.

Die anderen sind schon draußen, nur Frau Flamme und ich noch nicht.

»Was ist, Felix? Warum trödelst du so?«

»Ach, nichts«, sage ich. »Ich bin nur in Gedanken.«

»Du siehst bedrückt aus. Stimmt was nicht?«

»Doch, doch. Alles in Ordnung.«

»Wohnst du im Moment bei deinem Vater?«

»Hm.«

»Und? Wie ist das, seit er berühmt ist?«

»Ach, weiß nicht. Er ist nicht oft da.«

»Du kannst gerne zu uns zum Essen kommen, Felix – ich meine, falls bei dir zu Hause niemand für dich kocht … Meine Freundin Luise und ich haben heute zwar nur Räucheraal mit Zwiebeln und Gemüsereis, aber …«

»Ach, lassen Sie nur, Feuerschwert. Ich ziehe mir eine Dose Ravioli rein.«

Sie steht plötzlich irgendwie ganz anders da. Sie wirkt so zerbrechlich, zittrig. Als hätte sie zu wenig Sauerstoff aufgenommen und auch keine Kraft mehr, nach Luft zu schnappen. Ihre Lippen zittern.

Sie lehnt sich mit dem Hintern an den Tisch in der ersten Reihe.

»W… w… wie hast du mich genannt?«

Das war doof von mir. Saudoof! Jetzt hilft nur eins: lügen! Lügen, dass sich die Balken biegen. Auf keinen Fall die Wahrheit zugeben.

Ich muss den Unschuldigen spielen, den Erstaunten. Ich gucke sie ratlos an.

»Häh?«

»Du hast mich Feuerschwert genannt.«

Ich lache und schüttle den Kopf. »O nein. Ich habe Sie genannt wie immer: Frau Flamme. Wie denn sonst?«

»Hast du nicht Feuerschwert zu mir gesagt?« Sie fasst sich ans Herz. Ihre Hand rutscht höher in Richtung Hals. Ich weiß nicht, ob sie etwas herauswürgen will oder nur versucht Luft zu schnappen. Ihre Unterlippe hängt herab. Ihre linke Gesichtshälfte ist wie gelähmt.

Jetzt saugt sie Luft ein.

»Wie soll ich Sie genannt haben?«

Sie kriegt den Namen nicht heraus.

»Feuerdolch? Wieso sollte ich Sie Feuerdolch nennen? Sie müssen sich verhört haben. Ist das Ihr Spitzname?«

Sie antwortet nicht. Ihr muss wohl sehr schwindlig sein, ihre Knie geben nach.

Ich stütze sie, damit sie sich nicht den Kopf an der Schulbank anschlägt. Da ich die Nummer ihres Hausarztes nicht weiß, rufe ich über mein Handy den Notarzt.

Ich bleibe so lange bei ihr, fächle ihr Luft zu und halte ihre Hand. Einmal bittet sie mich ihr ein Glas Wasser zu holen. Auch das tue ich.

Als der Notarzt dann da ist, geht es ihr schon wieder besser. Sie liegt aber noch, weil sie zu wacklig auf den Beinen ist. Interessanterweise fragt der Notarzt *mich*, was passiert ist, und spricht mit mir, als sei sie gar nicht bei Bewusstsein. Ich erkläre ihm, dass sie mir erzählt hat, sie würde Feuerschwert heißen, und dann umgekippt ist.

Das hilft ihr auf die Füße. Sie reckt sich und ruft: »Nein!

Ich heiße nicht Feuerschwert! Ich heiße Bärbel Flamme!
Ich kenne kein Feuerschwert!«

Nun nimmt der Arzt sie ernst.

»Guten Tag. Ich bin Dr. Sieber. Der junge Mann hier
hat mich gerufen. Wissen Sie, was geschehen ist?«

»Ja. Ich hatte plötzlich das Gefühl, dass jemand Feuerschwert zu mir gesagt hat. Dann ist mir schwindlig geworden und ich bin umgefallen.«

»Können Sie sich an alles erinnern?«

»Ich glaube ja.«

»Sie haben also keine Gedächtnislücke?«

»Ich glaube nicht.«

»Ist Ihnen schlecht? Haben Sie sich erbrochen?«

»Nein. Das heißt, schlecht ist mir schon, aber erbrochen habe ich mich nicht.«

»Haben Sie schon öfter das Gefühl gehabt, dass Sie jemand Feuerschwert nennt?«

»Nein, ich bin doch nicht verrückt, ich … ich bin Lehrerin.«

Das stimmt den Arzt nun besonders bedenklich und er
schlägt vor, Frau Flamme für eine Weile mitzunehmen,
zumindest zur Beobachtung. Er meint, dass er eine Gehirnerschütterung nicht ausschließen kann. Er telefoniert
mit einem Kollegen. Dabei fällt der Fachbegriff: Histrionische Persönlichkeitsstörung.

Ich habe noch geholfen Frau Flamme mit rauszubrin-
gen zum Auto. Dr. Sieber fragte sie noch einmal: »Wie
heißen Sie jetzt nicht? Flammenwerfer?«

»Feuerschwert.«

Ich habe den Begriff »histrionische Persönlichkeitsstörung« gesucht. Wo wohl? Im Internet natürlich. Dort stand: »Dramatisierung bezüglich der eigenen Person, theatralisches Verhalten, übertriebener Ausdruck von Gefühlen.«

Na bitte.

3

Sie haben das Ganze wie einen Prozess geplant. Allein von der Sitzordnung könnte einem schlecht werden. Anne thront in der Mitte in einem großen alten Ohrensessel, den Rücken so gerade, als hätte man ihr ein Brett angenagelt, mit merkwürdig geierhaftem Gesicht. Sie schaut mich streng an.

Links neben ihr kniet mein Sklave auf dem Boden und schaut zwischen ihr und mir hin und her. Seine Blicke heischen um Anerkennung. Mal bei mir, mal bei ihr.

Aber so wird das nicht laufen. Undenkbar, mit uns beiden gut Freund zu sein.

Anne hasst mich von der ersten Sekunde an. Sie ist nicht gekommen, um etwas herauszufinden. Sie will nur beweisen, dass ich ein Lügner bin. Sie will ihren Ulf ganz für sich allein. Sie ist eifersüchtig auf mich.

Kann ich ja auch verstehen. Wer will schon einen Freund, der bei einem anderen als Sklave dient? Wenn ich sage, reib dir dein Gesicht mit Matsche ein und spring in die Luft, dann tut er es. Sie möchte selber solche Macht über ihn haben. Deshalb findet das hier statt.

Susi kniet nicht, sie sitzt rechts von Anne im Schneidersitz. Den kritischen Blick hat sie sich bestimmt bei ihrem Papa abgeschaut. So, stelle ich mir vor, sieht er die Angeklagten an, damit sie sich richtig klein und mickrig fühlen, bevor er sie verurteilt. Er wäre bestimmt stolz auf seine Tochter, wenn er sie jetzt sehen könnte.

Es ist das erste Mal, dass ich Anne besuche, und ich habe das Gefühl, es ist auch das letzte Mal, dass ich diese Wohnung betrete. Wenn sie ist wie ihr Zimmer, dann will ich nichts mit ihr zu tun haben. Hier hängen Fotos von so ziemlich allen Gruppen an der Wand, die ich nicht leiden kann. Backstreet Boys, N'Sync, No Angels, Destiny's Child und Bro'Sis. Das Schlimmste aber: Die Fotos sind gerahmt.

Ihr Zimmer ist etwa so ausgeflippt und Trend machend eingerichtet wie das meiner Großmutter im Altersheim, kurz bevor sie starb. Der Schreibtisch ist so aufgeräumt und klinisch sauber, da würde nicht mal meine Mutter mehr ihre Putzfrau draufhetzen. Auf dem Teppich gibt es keine Flusen und keine Krümel.

Papa behauptet immer, in so einer keimfreien Atmosphäre bekäme man Pickel. Es scheint was dran zu sein, denn zwischen meinen Schulterblättern juckt es schon.

Anne hat zwar einen dicken, selbst gestrickten Norwegerpullover an, so dass man ihre Haut nur im Gesicht und an den Händen sieht, aber dort wirkt sie wie das Krepppapier, das wir im Kindergarten immer zum Basteln benutzt haben. Bestimmt hat sie Neurodermitis oder irgendeine Allergie gegen Putzmittel.

Sie eröffnet mit strenger Stimme die Verhandlung: »Du behauptest also, ein HOKURANI-Meister zu sein.«

»Nein«, schüttle ich den Kopf, »ein HOJURANI-Meister. Mit Kühen hat das gar nichts zu tun.«

Eins zu null für mich.

Ulf Nase nickt mir zu, als würde er sich über meinen kleinen Punktsieg freuen. Für Anne hat er einen beschwichtigenden, tröstlichen Blick, als sei ja alles gar nicht so schlimm. Für ihn muss das hier ganz furchtbar sein. Viel schlimmer als für mich.

Ich überlege, ob ich nicht all das einfach sagen soll. Vielleicht wird man dadurch ein Hellseher, dass man den Menschen platt auf den Kopf zusagt, was man empfindet, wenn man sie sieht. Vielleicht macht das aus mir einen wahren HOJURANI-Meister. Vielleicht bin ich gerade auf dem Weg, wirklich einer zu werden.

Ich baue mich mit solchen Gedanken auf und ich merke, dass es mir schon sehr viel besser geht. Ich unterdrücke mein Verlangen, mich am Rücken zu schubben, sehe aber, dass Anne sich ständig kratzt.

Ansonsten hat sie sich wieder gefangen. Zumindest bemüht sie sich, cool auszusehen. »Du hast den beiden weisgemacht, du könntest Gedanken lesen und beeinflussen.«

Sie verschränkt die Finger und legt die Hände in den Schoß. Sie will sich nicht dauernd kratzen, weil das so nervös wirkt.

»Das habe ich denen nicht weisgemacht, Anne, sie haben mich lediglich in meiner Eigenschaft als HOJURANI-Meister beobachten können.«

Ulf nickt heftig in meine Richtung, kuscht aber sofort wieder, weil Anne ihm einen wütenden Blick zuwirft. Vielleicht musste er sich deshalb einen Ruf als Schläger erwerben und allen an unserer Schule Angst machen. Weil er befürchtete, ein Sklave zu werden, wurde er ein Tyrann.

Anne holt ein Deck Spielkarten hervor.

»Ich habe hier ein Skatspiel, Felix. Wir werden jetzt jeder eine Karte in die Hand nehmen und uns anschauen. Wir werden sie dir nicht zeigen. Aber du liest unsere Gedanken und sagst uns, was für eine Karte wir in der Hand haben.«

Sie hält das Kartenspiel. Ulf Nase zieht eine, dann Susi. Susi schaut die Karte ganz flüchtig an und drückt sie sich gegen die Brust.

Ich erkenne deutlich, das Kartenspiel ist sehr dick. Das kommt mir merkwürdig vor.

»Das ist kein Skatspiel«, sage ich. »Das ist ein Pokerspiel.«

Sofort habe ich Anne verunsichert, denn von Kartenspielen verstehe ich was. Wie oft hat mein Papa versucht mit Glücksspielen die Miete zu bezahlen und uns doch nur tiefer reingeritten.

»Ein Skatspiel«, sage ich, »hat zweiunddreißig Karten. Es sind drei Spieler. Jeder bekommt zehn Karten. Zwei kommen in den Stock. Ein Pokerspiel hat zweiundfünfzig.«

Offensichtlich hat Anne nie Skat gespielt und überhaupt keine Ahnung.

Susi gibt mir recht. »Stimmt. Das ist ein Pokerspiel.«

Anne lacht einfach, aber das ist kein gutes Argument. Auch nicht für Susi. Susi fordert mich auf: »Zeig es ihr. Na los! Gib uns ein Beispiel deiner Macht.«

Ich atme erst mal aus. »Okay. Dann will ich dir sagen, was du gerade denkst, Anne. Du brauchst sehr viel Kraft, um deine Hände ruhig zu halten. Es juckt dich nämlich am ganzen Körper, besonders an den Händen. Du würdest dich total gerne kratzen, hast aber Angst, dass das uncool aussieht.«

Ihr schießt sofort das Blut ins Gesicht. So rot wurde meine Mama nur, wenn ihr Blutdruck auf zweihundert stieg, weil Papa mal wieder bei einer neuen Freundin übernachtet hatte.

Annes Gesicht zeigt mir, dass ich recht habe. Also mache ich weiter.

»Du rennst ständig zum Arzt und hast auch schon deine Ernährung umgestellt. Stimmt's?«

Sie lässt ihre Mundwinkel erschlaffen. Die Spannung weicht aus ihrem Gesicht. Sie sieht aus, als hätte sie gerade eine Betäubungsspritze bekommen. Die Spielkarten sind vergessen. Ja, so macht HOJURANI Spaß.

»Du hast schon alles ausprobiert, nicht wahr?« Dann zähle ich auf, was meine Mama versucht hat, als ihre Hautallergie losging: »Erst hast du kein Milcheiweiß mehr gegessen, aber das nutzte gar nichts.«

Sie ist nicht mal imstande zu nicken.

»Dann hast du morgens keine Brötchen mehr gekriegt, sondern nur noch Körner. Kein Zucker, keine Schokolade – und alles war sinnlos. Ihr habt ein Vermögen für neue Cremes ohne jedes Parfum, Salben mit höherem Fettanteil, pH-neutrale Seifen und Waschmittel ausgegeben. Dein Hausarzt hatte eine Salbe, die gewirkt hat, aber deine Mutter wollte nicht, dass du dich ständig mit Kortison einreibst. Dann seid ihr zum Heilpraktiker gegangen. Warte, ich bin mir nicht ganz sicher. Habt ihr es sofort mit Homöopathie versucht oder erst mit Naturheilkunde?«

Ulf legt seine Patschhand auf ihre und drückt mit seinen Wurstfingern fest zu. Das soll ihr Mut machen, tut aber garantiert weh.

»Meister«, fragt unser Romeo mit einer Stimme, als sei er Krankenschwester am Bett eines kleinen Mädchens und wolle Trost spenden. »Meister, du kannst ihr doch bestimmt auch sagen, woher es wirklich kommt.«

Ich antworte erst mal gar nicht. Auf solchen Unsinn lässt man sich am besten nicht ein.

»Bitte, Meister.«

»Ja, sag's ihr!«, fordert nun auch Susi. Sie klingt nicht wie eine Krankenschwester. Eher wie der Chefarzt.

»Sie muss mich selbst darum bitten.«

Samariter-Ulf tätschelt ihr Gesicht. »Frag ihn, Anne. Der Meister wird dir antworten.«

Sie nickt nur. Immerhin, das schafft sie, aber natürlich reicht mir das nicht.

»Ich kann nichts hören.«

Sie nickt noch einmal.

»Ich höre immer noch nichts.«

»Sie kann jetzt nicht sprechen, Meister«, erklärt Pappnase Ulf. »Sie ist zu ergriffen. Sie hat zum ersten Mal Kontakt zu … deiner wirklichen Macht.«

»Es ist nicht meine Macht. Es ist HOJURANI, das durch mich spricht.«

»Ja, mein ich ja. – Also, Meister, was hilft ihr?«

»Ich kann ihr nicht helfen. Sie ist keine Gläubige.«

»Och, Meister, Mensch … Ich lieb sie doch und …«

Anne atmet aus, als sei ihre Lunge ein Luftballon, in den jemand hineingestochen hat. Dann kann sie wieder sprechen. Sofort blafft sie ihn an: »Er will mir nicht helfen, weil ich ihn beleidigt habe.«

»Nein, das stimmt nicht. Er ...«

»Ich spüre eine tiefe Erschütterung der Macht«, sage ich so sinnschwanger wie möglich.

Das macht sie sofort stumm.

»Irgendwo da draußen ist die dunkle Seite des HOJU-RANI. Ein gefallener Meister oder ein abtrünniger Schüler saugt an meinen Kräften wie ...«

»Was soll denn der Scheiß jetzt?«, fragt Susi verständnislos mit Wut in der Stimme. »Wer saugt an dir rum?«

Ich schließe andächtig die Augen. Ulf antwortet für mich: »Ich stelle mir das so vor. Es ist wie ...«

Ich ahne, dass es nicht gut geht, wenn er was erklären will, aber ich lasse ihn genüsslich hängen.

»Der Meister ist wie ein leeres Glas. Es ist voll ... In das leere Glas kann man ... Wir sind alle leere Gläser ... Man kann HOJURANI hineinfüllen. Jetzt kommt diese dunkle, böse Macht mit einem großen Strohhalm, so wie die in der Eisdiele im Udo. Die Macht tunkt den Strohhalm ins Glas und ...« Er macht ein schlürfendes Geräusch, dass einem schlecht werden könnte. Jedenfalls werde ich im Lido keine Erdbeermilch mehr trinken.

»Dann ist der Meister noch da. Er sitzt noch so, wie ja auch das Glas nicht verschwindet. Aber er ist eben leer.«

Erstaunt blickt er die beiden Mädchen und mich an. Für ihn war das eine wirklich lange Rede. Er hat sich verändert. Es tut ihm gut, mein HOJURANI-Schüler zu sein. Noch vor einem halben Jahr sprach er in abgehackten, kurzen Sätzen im Telegrammstil, wie:

»Komm her, wenn du was willst!«

»Einen in die Zähne, Alter?«

»War ich nicht, Frau Flamme!«

»Zoff oder was?«

»Guck nicht so!«

Ich öffne die Augen und schaue ihn wohlwollend an. »Deine Entwicklung macht wirklich Fortschritte. Du bist auf dem Weg, ein Meister zu werden. Das ist gut so. Wir werden deine Kräfte brauchen. Es steht ein Angriff bevor. Wir müssen uns vor der dunklen Seite schützen.«

Susi gruselt sich. Obwohl sie dick angezogen ist und die Raumtemperatur hier eher Saunagrade hat, beginnt sie zu zittern.

»Wer ist dieser gefallene Meister? Dieser abtrünnige Schüler?«

»Ich habe keine Ahnung. Aber er ist schon in unserer Nähe.«

»Kannst du ihr deshalb nicht sagen, wie sie ihren Juckreiz loswird, Meister?«

Jetzt sage ich einfach, was mein Pa damals zu meiner Ma gesagt hat (womit er recht behielt, was sie allerdings nie zugab):

»Es ist hier einfach zu sauber, zu klinisch rein, zu steril. Was sie braucht, ist ein bisschen bakterieller Schmierschmutz: Hausstaub, Teppichmilben, Schimmelpilze. Einfach all das, was es hier nicht gibt.«

Mein Papa nannte das damals desensibilisieren oder so ähnlich. Ich bezweifle aber, dass mein Sklave das Wort kennt, und ich will es nicht erklären, deshalb wiederhole ich, was mein Papa damals zu mir gesagt hat:

»Der Körper hat eigene Widerstandskräfte. Die müssen aber geschult und trainiert werden wie jeder Muskel. Wenn man sich zu lange in desinfizierten, zu sauberen Räumen aufhält, sinken die Widerstandskräfte, bilden sich zurück so wie die Muskulatur, wenn man nichts dafür tut. Dann hauen einen auch ganz kleine Sachen um, die man sonst nicht mal zur Kenntnis nehmen würde.«

Ich erinnere mich noch genau, wie er das damals illustrierte. Papa macht die Dinge für mich gerne anschaulich, damit ich sie nicht vergesse. Er ist kein großer Theoretiker. Er muss alles praktisch machen.

Er zog ein Stück alten, schimmligen Käse aus dem Abfalleimer in der Küche. Mama hatte ihn gerade mit Plastikhandschuhen hineingeworfen.

»Siehst du dieses Stück Käse, mein Junge?«, fragte er und hielt mir den stinkigen Batzen direkt vor die Nase. »Wenn deine Mama das anfasst, kriegt sie Ausschlag und die Krätze. Ich dagegen kann es sogar essen.« Dann schob er es sich genüsslich zwischen die Lippen.

Solche Auftritte liebt mein Papa. Damit konnte er Mama schockieren und in ihm blieb das Gefühl zurück, ein ganz besonders toller Typ zu sein. Ein harter Kerl.

Mit dem Käse hatte er sich aber etwas vergriffen. Er versuchte ihn mit Genuss zu kauen und runterzuschlucken als sei es wirklich nur etwas für echte Feinschmecker. Aber es fiel ihm schwer, alles nicht einfach auszuspucken.

»Siehst du«, lachte mein Papa etwas gezwungen, »mir schadet das nichts. Das stärkt nur meine Abwehrkräfte!«

»Das Zeug verwest bereits!«, schrie meine Mutter.

»Spinnst du? Der Junge lernt von dir echt nur Mist! Wenn du dabei draufgehst, meinetwegen! Aber der Kleine!«

»Verwesung! Verwesung! Was heißt das schon? Alles, was wir essen, befindet sich im Zustand der Verwesung, sonst könnten wir es doch gar nicht verdauen!«

»Du lebst im Müll, du isst Müll, du bist Müll!«, schrie Ma. Das war dann immer die Stelle, an der ich mich verabschiedet habe, weil ich keine Lust hatte, bei ihrem Streit den Schiedsrichter zu spielen.

So weit würde ich aber nie gehen, denn Papa ist es nach dem Käse wirklich tierisch schlecht geworden, doch das durfte ich Mama damals auf keinen Fall verraten.

Eine Demonstration meiner Kunst ist auch gar nicht nötig. Die drei kapieren auch so.

»Okay«, sagt Susi. »Dann wissen wir jetzt, was wir zu tun haben.«

Auch mein Sklave nickt brav, obwohl er bestimmt keine Ahnung hat, was jetzt zu tun ist. Er braucht immer jemanden, der ihm alles vorkaut.

»W… was habt ihr vor?«, fragt Anne.

»Wir setzen um, was der Meister geraten hat.«

Ich brauche gar nichts tun. Ich sitze einfach nur da und schaue zu. Susi hat die Führung übernommen. Ich nicke meinem verblödeten Diener zu, er soll machen, was Susi verlangt.

Sie lässt die Badewanne voll laufen. Sie schüttet aber keines der teuren Badeöle hinein, nicht das mit Ylang-Ylang und Patschuli aus dem Body-Shop, nicht das Vanillebad und auch nicht die Wellness-Bademilch, die nach Heublumen duftet. Sie leert den Mülleimer in die

Badewanne und rührt mit dem Besenstiel darin herum, um daraus eine graue Soße zu machen. Damit es schön sämig wird, gibt Ulf noch Blumenerde hinzu, alte Zeitungen, Bananenschalen, und es findet sich tatsächlich ein Joghurt im Kühlschrank, der das Verfallsdatum überschritten hat.

Der Brei duftet wunderschön, wie eine Kloake im Hochsommer.

Susi kommt zu mir und flüstert in mein Ohr: »Fehlt noch etwas, Meister?«

»Ja«, sage ich. »Eine Prise Salz.«

Sie beeilt sich meinem Ratschlag nachzukommen.

Dann zeigt Professor Ulf Nase auf das Bad und sagt: »So, Anne. Das ist deine Rettung. Steig rein.«

Ich bin mir nicht sicher, ob Anne sich in den nächsten Sekunden auf mich stürzen und mich würgen wird oder ob sie meinen Sklaven ohrfeigen oder damit beginnen wird, mit dem Schlamm um sich zu werfen. Sie macht einen völlig verwirrten Eindruck, doch dann zieht sie sich einfach langsam aus.

»Lasst mich jetzt bitte allein!«, sagt sie, was wir natürlich sofort respektieren.

Wir hören, wie es hinter der Badezimmertür gluckst. Sie steigt wirklich in die Wanne.

Dankbar hält der Möchtegern-Verlobte meine Hand.

Ich schließe die Augen und denke nur:

Hoffentlich hat mein Vater mit seiner Theorie recht. Was, wenn Annes Haut nach der ganzen Sauberkeit und Reinheit so eine Riesenportion Dreck nicht verträgt? Aber es kann ja auch nicht alles nur Blödsinn sein, was Pa mir beigebracht hat.

Anne ist noch keine zehn Minuten in ihrem heilenden Bad, da kommt ihre Mutter nach Hause. Sie sieht Pappnase Ulf, das ist ja schon schrecklich genug, dann Susi und mich. Sie fragt: »Wo ist Anne?«

Und wieder bestätigt sich, dass es nicht gut ist, immer gleich die Wahrheit zu sagen. Aber sie lassen mir keine Zeit, eine Lüge zu erfinden, sondern Ulf Naseweis drängelt sich vor und sagt, ohne eine Ahnung zu haben, welche Katastrophe er damit auslöst:

»Sie ist in der Badewanne.«

Der Mutter kommt das komisch vor. Warum geht jemand in die Wanne, wenn er drei Freunde zu Besuch hat?!

Susi schlägt vor, die Wohnung schnell zu verlassen. Damit bin ich ausnahmsweise vollkommen einverstanden. Noch im Flur hören wir einen Mark und Bein erschütternden Schrei. Nein, es ist nicht Anne. Es ist ihre Mutter. Und ich weiß, mein Gefühl am Anfang war richtig. Ich werde diese Wohnung so bald nicht wieder betreten.

4

Und dann ist sie plötzlich wirklich da: die Erschütterung der Macht, die Bedrohung, das absolut Böse, die Gefahr, vor der es kein Entrinnen gibt. Es trägt einen dunklen Anzug, schwarze, blank geputzte Schuhe aus feinstem italienischen Leder, einen langen, flatternden, schwarzen Kaschmirmantel und eine silberne Krawatte.

Es ist Susis Vater. Richter Lange, Orgelspieler und Hobbyfilmer. Vorsitzender im Verein *Keine Macht den Drogen*. Streng, gerecht und Besitzer eines neuen silbernen Mercedes S 430. Dieser Mercedes steht nun Unheil verkündend vor dem Haus meines Sklaven.

Der hat nicht das Glück, einen Popstar zum Papa zu haben. O nein. Sein Vater weiß mit sich selbst nichts anzufangen und deswegen hat er viel Zeit, um seinen Sohn zu erziehen. Das war bis jetzt ziemlich erfolglos, es sei denn, er hatte von Anfang an vor, aus seinem Sohn einen unbeliebten Schläger zu machen oder einen geborenen Sklaven. Er ist genau der Typ Vater, der sich immer neue Strafen für seinen Sohn ausdenkt, weil er glaubt, wenn irgendwas in der Erziehung schief läuft, dann ist nur die Strafe nicht hart genug gewesen.

Bevor Richter Lange hier auflief, war er natürlich bei meinem Vater und wollte von dem das Geld für den neuen

Mercedes haben. Mein Pa hat ihn brüllend ausgelacht. Ich habe das alles im Nebenzimmer mitgekriegt: »Ich bin ja den Umgang mit Spinnern gewöhnt, aber Sie schießen echt den Vogel ab! Während mein Sohn auf dem Open Air in Herborn war, soll er angeblich Ihren Wagen auf der A 3 kaputtgefahren haben? Am Steuer saß aber Ulf Bauer und daneben saß Ihre Tochter. Sie sind doch Richter. Was, glauben Sie, passiert, wenn das Ihr Vorgesetzter erfährt? Dann können Sie vielleicht noch bei Skatturnieren oder beim Preiskegeln den Schiedsrichter spielen, aber bestimmt nicht mehr beim Amtsgericht. Warum melden Sie das Ganze nicht einfach Ihrer Versicherung und lassen die Kiste reparieren?«

Der Richter fand das gar nicht komisch. »Ja, dann ist Ihr Sohn aus dem Schneider und ich muss höhere Prämien bezahlen! Das könnte Ihnen so passen!« Wutschnaubend rauschte er ab.

Einer wie Susis Papa gibt nicht so leicht auf. Jetzt versucht er es hier.

Der Stadtmeister im Boxen, der furchtlose Straßenkämpfer, der Schrecken des Schulwegs, Ulf Bauer hat sofort Tränen in den Augen und seine berühmte Schlaghand, mit der er sonst den Gute-Nacht-Hammer austeilt, zittert.

»M… m… mein Alter macht mich fertig! Der liebt mich nicht und meine Mutter liebt er auch nicht. Alles, was der liebt, ist sein Geld. Und das reicht nie aus. Bevor der sich von *einem* Euro trennt, tritt er mir lieber *zwei* Mal in den Hintern. Ich bin erledigt, Meister. Ich bin so gut wie tot.«

Jetzt tut mir Ulf richtig leid. Ihm ist nichts von seiner Schlägertyp-Angeberei geblieben. Am liebsten würde ich ihn in den Arm nehmen und trösten. Das muss ich aber nicht, das macht Susi.

»Du musst keine Angst haben«, sagt sie. »So schlimm wird's schon nicht werden.«

Aber darüber kann Pappnase Ulf nicht lachen. »Du hast doch keine Ahnung. Dein Pa schnauzt dich vielleicht an, gibt dir Stubenarrest oder entzieht dir das Taschengeld. Meiner benutzt mich als Sandsack. Er haut drauf, bis ich liegen bleibe. Hat er mehr als einmal getan.«

Langsam kapiere ich, warum sich Möchtegern-Schwarzenegger manchmal so aufführt. Sein Alter hat es ihm vorgelebt. Von ihm hat er gelernt, wie man Probleme löst: mit der Faust.

»Meister«, wimmert das Häufchen Elend und geht vor mir auf die Knie, »Meister, hilf mir! Wende HOJURANI an. Jetzt brauche ich dich, Meister. Jetzt brauche ich all deine Kraft.«

Ich höre mich sagen:

»Mach dir keine Sorgen, ergebener Sklave, ich regle das für dich.«

Ich habe keine Ahnung, wie ich das machen soll, aber ich sage es ihm. Doch das kann mir selbst Professor Ulf Nase nicht mehr glauben.

»Meister, ich habe eine Riesenbeule in seinen Renault gefahren. Er ist Richter am Amtsgericht. Er will von meinem Alten das Geld zurück. Und mein Vater verbündet sich mit jedem, der mir was Schlechtes will. Richter Lange und mein Pa werden sich gegenseitig hochschaukeln.

Wahrscheinlich denken sie sich gerade schon völlig neue Foltermethoden für mich aus.«

Susi legt ihre Hand zwischen meine Schulterblätter und sagt: »Felix, da drin sind zwei erwachsene Männer und einer davon ist mein Vater. Der will Geld. Mit denen kannst du nicht fertig werden. Da kommst du mit kleinen Streichen nicht weiter.«

»Ich weiß«, sage ich und schreite entschlossen auf die Tür zu.

Susi folgt mir und mit einigem Abstand, leichenblass und mit hochgezogenen Schultern, mein Sklave.

Er ist so eine Art Ohrfeigenfänger, glaube ich. Er steht ein bisschen da wie im Ring, die Hände zur Deckung erhoben, den Kopf eingezogen.

Vielleicht kann er deshalb mehr einstecken als seine Boxgegner. Er ist es gewöhnt. Sein Alter haut oft auf ihm herum.

Ulfs Vater sitzt im Wohnzimmer im Sessel. Er trägt ein buntes Hawaiihemd, Badelatschen und eine alte Trainingshose.

Richter Lange steht. Er hat seinen Kaschmirmantel nicht ausgezogen. Ein bisschen sieht er darin aus wie ein Vampir oder ein schwarzer Rächer.

Als Herr Bauer seinen Sohn sieht, hechtet er sofort aus dem Sessel.

Unglaublich, dass dieser fette Kerl, der mich an Jabba aus Star Wars erinnert, so schnell sein kann. Er schiebt Susi weg und schlägt sofort zu. Eine ganze Serie von harten Treffern prasselt auf Ulf nieder.

»HOJURANI!«, schreie ich, aber das hört niemand.

Susis Vater hebt seine Richterhände, um zu schlichten, doch ihn beachtet niemand. Auch seine Worte »Aber Herr Bauer, das bringt doch wirklich nichts!« helfen wenig weiter.

Ulf steckt einfach nur ein. Aber Susi weiß, was zu tun ist. Sie stößt den Schrei aus, mit dem Tarzan im Urwald nach der Liane greift, zumindest im Original-Kinostreifen, und tritt Herrn Bauer gegen das Schienbein. Er glaubt zunächst, das hätte sein Sohn getan, und haut noch fester zu. Mit dem zweiten Tritt zielt Susi auf seine Kniescheibe, dann schreit sie: »Schämen Sie sich gar nicht, einen kleinen Jungen zu verprügeln?!«

»Kleinen Jungen? Der ist Stadtmeister im Boxen! Aus dem wird mal ein Verbrecher!«

»Er muss doch nicht gleich so werden wie Sie«, werfe ich ein, und weil er ein bisschen langsam ist, hält er einen Moment inne, um zu überlegen, wie ich das gemeint habe.

Das ist immer die Chance, die man für Worte braucht: Einen kurzen Moment des Schweigens, einen Augenblick der Aufmerksamkeit. Da kann man etwas unterbringen. Ein Argument, eine Lüge – was auch immer. Alles ist besser als diese Schlägerei hier.

»Ich habe das mit dem Autounfall verursacht und ich werde dafür geradestehen«, sage ich und hasse mich im gleichen Moment für diese Worte, obwohl ich von Susi so bewundernde Blicke kriege und ihr Papa mich lobt, weil er es gut findet, wenn man zu seinen Handlungen steht.

Ich atme tief durch. »Um wie viel Geld geht es denn?«

»Neuntausendzweihundertsechsundsiebzig Euro und

zwanzig Cent«, antwortet Susis Papa, korrekt, wie so ein Richter nun mal ist. Ich wette, das ich das nicht nachprüfen muss. Es stimmt garantiert.

Langsam wiederhole ich die Summe. »Neuntausend-zweihundertsechsundsiebzig Euro und zwanzig Cent. Ich dachte, es würde teurer. Der Wagen war wohl schon etwas älter.«

Damit schaffe ich sie endgültig.

Mein Sklave wischt sich Blut von der Lippe. Susi schwankt zwischen Mitgefühl für ihn und Bewunderung für mich. Und ein bisschen sind beide der Meinung, dass ich vollkommen durchgedreht sein muss. Damit haben sie wahrscheinlich recht.

Trotzdem genieße ich den Augenblick. Etwas an diesem Moment ist wirklich schön. Als hätte ich ein erlösendes Wort ausgesprochen und damit einen Fluch von allen genommen. Wie so oft bei Erwachsenen geht es auch hier nur um Geld. Sie schieben alles Mögliche vor: Ehre, Interesse, Prinzipien. In Wirklichkeit ist es meistens so wie jetzt. Es geht nur um die Frage: Wer zahlt wie viel wofür? Man kann das sogar an der Uni studieren. Es heißt Wirtschaftswissenschaft oder Betriebswirtschaft oder so ähnlich.

Bisher hat mein Papa versucht bei diesem ganzen Getue nicht mitzumachen. Das ist ihm nicht gelungen, denn ständig rannten Vermieter, Elektrizitätswerk oder der Wirt vom Latino mit unbezahlten Rechnungen hinter ihm her. Aber wenn mein Papa etwas nur für Geld machte, dann hatte er wenigstens immer ein schlechtes Gewissen dabei. Susis Papa hat das nicht.

Früher hatte ich manchmal das Gefühl, mein Papa, der »versoffene Versager«, wie meine Mutter ihn so gern nennt, sei eigentlich der moralisch Überlegene. Aber damit ist es vorbei. Seit die Piraten eine Anti-Drogen-Band sind, stehen sie zwar in der Öffentlichkeit besser da, aber in Wirklichkeit haben sie ihre Prinzipien verraten. Denn was sie jetzt machen, tun sie wirklich nur für Geld.

Irgendwie habe ich das ja selber arrangiert. Ich wollte aus ihm einen besseren Menschen machen. Aber wenn ich ihn mir jetzt so ansehe, dann hat er für den Erfolg und die Kohle letztendlich alles verraten, was er einmal war. Sogar seine Musik. Sie machen jetzt dieses angepasste Mainstream-Zeug. Nächste Woche wird ein Videoclip produziert, der dann auf VIVA laufen soll ...

Ulfs Papa versucht das alles auf die Reihe zu kriegen. Es fällt ihm noch schwerer als allen anderen. Seine Fäuste nutzen ihm jetzt wenig. Er fährt mich an: »Wieso bezahlst du alles? Wieso? Ich denk, er saß am Steuer?!« Er zeigt auf seinen Sohn und will ihn schon wieder schlagen.

»Ja, saß er auch. Aber ich habe es ihm befohlen.«

Sofort schlägt Herr Bauer wieder zu. Ulf pendelt den Schlag ganz gut aus und schüttelt sich.

»Warum schlagen Sie ihn jetzt, verdammt?«, schreit Susi.

Ihr Vater nickt.

»Ich habe dir schon tausendmal gesagt«, brüllt Bauer, »du sollst deinen eigenen Kopf zum Denken benutzen und nicht immer tun, was andere sagen!«

Jetzt spielt Susis Papa den Helden. Er rückt seine Krawatte zurecht, räuspert sich und versucht sachlich, aber energisch zu sprechen: »Herr Bauer. Ich will mich nicht in Ihre Familienangelegenheiten mischen, aber Sie bewegen sich hart am Rande der Kindesmisshandlung. Ich bin zwar kein Familienrichter, aber ich fordere Sie hiermit auf ...« Er schluckt, denn Ulfs Vater schaut ihn verschlagen an.

»Ja? Wozu fordern Sie mich auf?« Seine Stimme hat etwas Drohendes, Lauerndes. Als würde er nur auf eine gute Gelegenheit warten, noch einmal zuzuschlagen.

»Es gibt Gesetze in diesem Land. Man kann Kinder nicht einfach ...«

Bauer lässt ihn nicht ausreden. »Das ist mein Sohn!«, zischt er. »Den kann ich schlagen, solange und so viel ich will!«

Sofort tut er es.

»Ich werde einen ordentlichen Menschen aus dir machen!«, schreit er. »Ich werd es in dich reinprügeln! Wer nicht hören will, muss ...«

Manchmal muss ein HOJURANI-Meister viel riskieren. Ich springe einfach dazwischen. Ja, das ist keine Lüge. Ich stelle mich zwischen meinen Sklaven und seinen Peiniger. Und ich sage ausnahmsweise mal die Wahrheit:

»Ich habe Ulf ewig für das gemeinste, blödeste Schwein der Welt gehalten, stumpfsinnig und hinterfotzig. Aber in Wirklichkeit ist er einfach nur wie Sie. Nein, nicht mal wie Sie. Er ist die harmlose Ausführung, Sie sind der Meister. Einen widerlicheren Menschen habe ich noch nie getroffen. Und ich kann Ihnen eins sagen: Ich habe schon viele Dreckskerle in meinem Leben gesehen. Aber Sie sind von allen echt der Schlimmste!«

Er kriegt augenblicklich Probleme mit dem Blutdruck. Ich kann hören, wie Susi den Atem anhält. Hinter mir flüstert mein Sklave: »Renn! Renn einfach! Ich versuche ihn aufzuhalten.«

Aber ich habe nicht vor wegzulaufen. Ich bin nicht wie mein Papa. Wenn Probleme auftauchen, betrinke ich mich nicht, mache ich mich nicht weg, suche ich auch nicht das Weite. Ich versuch erst mal damit klarzukommen.

Ulfs Erzeuger knirscht mit den Zähnen. Seine Zunge scheint dick geworden zu sein. Aus einem Grund, den ich nicht verstehe, blutet seine Unterlippe. Vielleicht hat er sich vor Wut reingebissen.

»Misch dich da nicht ein!«, brüllt er. »Es ist besser für dich, Kleiner. Glaub mir. Du spielst dich doch hier nur auf. Woher will ein Knirps wie du eigentlich so viel Geld nehmen? Ihr Blagen richtet doch immer nur Schaden an und könnt ihn dann nicht begleichen.«

Ich lache. Lachen ist eine gute Waffe, wenn jemand droht.

»Das Geld spielt für mich überhaupt keine Rolle. Das kann ich von meinem Taschengeld zahlen. Mein Papa ist Popstar. Ich habe noch viel mehr zur Verfügung. Aber niemand wird davon einen Cent sehen, wenn Sie nicht sofort aufhören auf Ulf herumzuprügeln.«

Und da ist es wieder: das beste und härteste Argument, das man den meisten Erwachsenen entgegenschleudern kann. Diese Karte sticht.

Bauer dreht sich um und trottet wieder zu seinem Sessel. Dabei machen die Latschen an seinen Füßen ein schlappendes Geräusch. Er ist gewöhnt zuzuschlagen ohne dass der andere zurückhaut. Sonst würde er uns nicht den Rücken kehren. Er ist seiner Sache völlig sicher. Wahrscheinlich spielen wir in dem Moment alle mit dem gleichen Gedanken: Wie wäre es, ihm jetzt von hinten eins überzuziehen? Aber wir tun es nicht. Wir sind erleichtert, als er sich in den Sessel fallen lässt, den Bauch nach vorne schiebt und mit einer großzügigen Handbewegung sagt: »Na, das war's dann wohl. Dann habe ich ja nichts mehr damit zu tun, Herr ... Lange. Wenden Sie sich an diesen jungen Mann. Der zahlt. Und jetzt verlassen Sie bitte mein Haus. Gleich wird das Länderspiel übertragen.«

Richter Lange nimmt die Hand seiner Tochter und zieht Susi zur Tür. »Komm, Susi, wir gehen.«

Ich will nicht ohne Ulf hier raus. Ich fühle mich auf eine mir bisher unbekannte Art für ihn verantwortlich. Er lässt sich auch einen Schritt weit von mir mitziehen, dann bleibt er stehen, denn sein Alter ruft: »Hier geblieben, Junge! Das Bier ist alle.«

»Ich hol dir sofort was, Papa«, sagt Ulf und rennt in den Keller.

Sekunden später stehe ich mit Susi und ihrem Vater vor dem Mercedes.

»Dass es schlimm bei Ulf zu Hause ist, wusste ich. Aber ich hatte keine Ahnung, dass er so ein armes Schwein ist«, sagt Susi leise.

Richter Lange schaut mich noch einmal kritisch an. »Hast du das da drinnen wirklich ernst gemeint? – Ich meine, irgendjemand muss schließlich für den Schaden geradestehen.«

Ich will Susi nicht enttäuschen und ich habe Angst, dass

der ganze Ärger wieder von vorne losgeht, deshalb lüge ich: »Klar habe ich das ernst gemeint. Machen Sie sich keine Sorgen. Neuntausendzweihundertsechsundsiebzig Euro und zwanzig Cent sind für mich echt kleine Fische. Ich rede heute Abend mit meinem Papa.«

S

Eine knappe Stunde später bekomme ich eine SMS von
Susi:

> Hast du dir schon
> überlegt, wie du an
> das Geld kommen
> willst? Mein Vater
> meint es ernst.
> (powered by
> www.lycos.de)

Dass ihr Dad nicht der Typ ist, der auf neuntausendzweihundertsechsundsiebzig Euro und zwanzig Cent verzich-
tet, ist mir klar. Ich antworte:

> Habe alles im
> Griff.

Ich zähle in Papas Wohnung die T-Shirts mit den Fehl-
drucken. Die, auf denen Atze scheinbar einen Joint raucht.
Ich dachte, es seien nicht mehr ganz hundert, denn eins
habe ich ja an und ein paar hat Atze an seine verschiede-
nen Freundinnen verschenkt beziehungsweise an Frauen,

von denen er hofft, sie könnten mal seine Freundinnen werden. Aber ich zähle einhundertundelf.

Wenn es mir gelingt, hundertzehn T-Shirts für zwanzig Euro zu verkaufen, dann hätte ich zweitausendzweihundert Euro. Aber erstens ist das nicht ganz leicht und zweitens wäre Susis Papa wohl nicht damit einverstanden, wenn ich ihm statt neuntausendzweihundertsechsundsiebzig Euro und zwanzig Cent nur zweitausendzweihundert Euro gebe. Vielleicht würde er es als Anzahlung akzeptieren.

Aber die T-Shirts könnten auch viel mehr Geld bringen. Zum Beispiel wenn sie signiert wären. Am besten von allen *Piraten*. Das wird aber schwer. Vermutlich geht es gar nicht, denn Leo ist in Therapie und wie soll ich alle anderen dazu kriegen, einhundertelf Mal ihren Namen hinzukritzeln? – Morgen ist Flohmarkt. Da werde ich es versuchen. Man muss jede Chance nutzen.

Da steht sie vor unserer Tür. Wilde Rastalocken, langer, bunt gemusterter Rock, modisches Top: Luise Müller-Supente, die Chefin vom Jugendamt und Frau Flammes beste Freundin.

Sie legt sofort los. Sie habe mit Frau Flamme gesprochen und wolle jetzt wissen, wie ich dazu käme, sie mit Feuerschwert anzureden.

»Warum?«, frage ich. »Ist das irgendwie eine Beleidigung? Außerdem – ich habe sie gar nicht so genannt.«

Ich will die Müller-Supente nicht hereinlassen, aber sie drängt sich einfach durch die Tür. Da sie nun schon mal drin ist, biete ich ihr einen Platz an und zeige ihr eins von den T-Shirts. »Das würde Ihnen bestimmt gut stehen.«

Sie schaut es nicht mal an.

Sie setzt sich und trommelt mit den Fingern nervös auf den Tisch. Sie atmet aus, als würde ihr das Luftholen schwer fallen.

»Felix«, sagt sie, »ich stand bisher immer auf deiner Seite. Bitte hilf mir jetzt.«

»Was ist denn überhaupt los? Ich weiß gar nicht, was Sie wirklich von mir wollen.«

Sie schaut mich an, wie Erwachsene Kinder anschauen, wenn sie ihnen signalisieren wollen, dass sie sie ins Vertrauen ziehen. Sie verändert ihre Stimmlage: »Felix, das muss unter uns bleiben. Du darfst mit niemandem darüber sprechen. Vor allen Dingen nicht mit deinen Klassenkameraden. Deine Lehrerin, Frau Flamme, wird heute Nacht nicht zu Hause schlafen, sondern im Krankenhaus.«

»Ich weiß. Es besteht der Verdacht auf eine Gehirnerschütterung.«

»Ja, das ist gut. Das kannst du ihnen sagen.«

»Wieso? Stimmt das denn nicht?«

Komisch, denke ich gleichzeitig. Wenn sie mir sagt, dass ich etwas jedem sagen kann, gehe ich sofort davon aus, dass es gelogen sein muss.

»Nicht ganz. Sie ist in einem besonderen Krankenhaus. Sie hatte einen – nun sagen wir – Nervenzusammenbruch.«

Besonderes Krankenhaus, denke ich, ist das die Bezeichnung für die Klapsmühle? Sie tut mir leid. Das wollte ich natürlich nicht. Überhaupt tut mir die ganze Geschichte leid. Manchmal nehmen die Erwachsenen einen Streich einfach zu ernst.

Aber gerade Frau Flamme ... Ich erinnere mich noch genau, wie sie uns im Unterricht mal erzählt hat, dass die Kinder früher so tolle Streiche gespielt haben, und heute würden sie nur noch vor dem Fernseher sitzen oder Computerspiele machen. Jetzt habe ich mal einen gespielt, schon ist es auch wieder nicht in Ordnung.

Für sie ist ein Streich wahrscheinlich, wenn man ein Furzkissen auf ihren Stuhl legt, die Türklinke mit Honig einschmiert oder den Papierkorb anzündet, einen Wassereimer auf die halb offene Tür stellt oder dem Lehrer einen Zettel auf den Rücken klebt, auf dem steht: »Ich bin doof.«

Aber das ist nicht die Qualität Streiche, die ich gerne spiele. Es gibt doch jetzt ganz neue technische Möglichkeiten.

»Ich sag dir, was ich glaube, Felix. Ich glaube, dass dein Papa meiner besten Freundin einen ganz üblen Streich gespielt hat. Er hat sich das Foto von einem Boxer besorgt und sich im Internet als Blue Marlin ausgegeben. Das ist sein Versuch, sich an Frau Flamme zu rächen, weil sie nichts mehr mit ihm zu tun haben will.«

Oh, oh, oh, denke ich, das geht alles in die falsche Richtung los. Mein Papa hat genug Probleme. Wenn rauskommt, dass der berühmte Popstar André Schnupfen unter falschem Namen Lehrerinnen im Internet belästigt, könnte ihm das mächtig schaden. Ich kann mir kaum vorstellen, dass die Krankenkasse dann noch der Meinung ist, er sei ein guter Werbeträger.

Zur Kunst des Lügens gehört natürlich auch, die Lüge zu Ende zu denken. Das habe ich diesmal wohl versäumt. Trotzdem – wenn ich jetzt die Wahrheit sagen würde, wäre auch keinem geholfen, denn die Story würde mir keiner glauben. Also muss ich einfach noch besser lügen als sonst.

»Sag mir die Wahrheit! Du hast den Namen Feuerschwert bei ihm aufgeschnappt, stimmt's?«

Ich schüttle den Kopf. »Nein, Frau Müller-Supente. Das ist nicht so. Mein Vater hat gar nichts damit zu tun.«

»Würdest du mir dann bitte verraten, wie du an den Namen gekommen bist?«

»Ich weiß auch nicht, wie das passiert ist. Manchmal geschieht so was einfach. Ich kriege so Ahnungen von Dingen. Plötzlich weiß ich was. Das ist, als ob Blitze in meinem Kopf wären. Dann sehe ich Länder, in denen ich noch nie war, oder habe Erinnerungen an eine Zeit, zu der ich noch gar nicht gelebt habe. Zum Beispiel an den Krieg und fallende Bomben.«

Sie rückt näher zu mir. Sie schluckt das Ding. Die Lüge ist zu gut. Und sie will mir glauben.

»Genauso war es mit diesem Namen. Plötzlich hatte ich ihn im Kopf und ich habe ihn ausgesprochen ohne zu wissen, woher er kommt. Ich wollte sie nicht beleidigen und ihr nichts Böses tun. Vom Internet habe ich nicht viel Ahnung. Wir haben hier noch nicht mal einen Internetanschluss«, lüge ich. Zum Glück ist der Laptop in meinem Zimmer. Ich zeige in die Wohnung. »Sehen Sie nur. Mein Papa ist ein echter Steinzeitmensch. Glauben Sie, der beherrscht Word für Windows oder Excel? Der schafft es nicht mal, den Videorekorder zu programmieren.«

Frau Müller-Supente kneift die Augen zusammen. »Du schützt ihn doch nur, oder?«

Ich schüttle den Kopf. »Nein, Frau Müller-Supente. Ehrlich nicht. Mein Papa hat damit nichts zu tun. Ich habe ihm auch nichts erzählt von meinen – na ja – Eingebungen.«

»Du willst also sagen, dass du so etwas wie ein Hellseher bist?«

»Nein, nein, das will ich nicht. Aber manchmal passieren eben Dinge, die ich mir nicht erklären kann.«

»Hast du dich mal einem Erwachsenen anvertraut?«

Ich tippe mir an die Stirn. »Ich bin doch nicht blöd. Glauben Sie, ich will wieder zum Psychologen? Das wird sich schon geben. Es ist von selbst gekommen, es wird bestimmt auch von selbst wieder gehen.«

Sie drückt die Fingerspitzen gegeneinander und biegt die Finger durch, dass die Knöchel knirschen. Das tut schon beim Zuschauen weh.

Nun flötet sie die Frage so harmlos heraus, als würde sie sich nach dem Wetter erkundigen: »Hast du Drogen genommen, Felix? Ich meine, bei deinem Papa liegt doch so einiges rum. Hast du mal was ausprobiert?«

»Nein, Frau Müller-Supente. Ganz bestimmt nicht. Außerdem hat mein Papa sich geändert. Sehen Sie das T-Shirt. Sie haben es doch erlebt. Die *Piraten* sind eine Anti-Drogen-Band. Hier gibt's mehr gesundes Zeug zu essen als im Bioladen.«

Zugegeben, das ist total gelogen, aber immerhin liegen keine Drogen rum. Auf dem Balkon steht auch nicht mehr Papas Lieblingspflanze.

Sie ist gerührt. Wer weiß, wie lange sie schon beim Jugendamt arbeitet. Vermutlich träumt sie immer davon, dass sich ihr Jugendliche mal anvertrauen. Nun geschieht es. Sie schluckt und weiß nicht, was sie sagen soll.

Mit den Händen fährt sie über das T-Shirt der *Piraten.*

Ich lächle: »Für Sie nur sechzig Euro.«

Abwesend kramt sie in ihrer Tasche nach Geld. Wahrscheinlich ist sie so sehr in Gedanken, dass ihr nicht mal klar ist, dass sie gerade ein T-Shirt kauft. Sie gibt mir einundachtzig Euro und sagt: »Mehr habe ich leider nicht.«

»Macht nichts«, freue ich mich, »das reicht ja auch.«

Jetzt fehlen mir nur noch neuntausendeinhundertfünfundneunzig Euro zwanzig.

Sie steckt das T-Shirt nicht ein, spielt nur wie aus Verlegenheit damit. »Würdest du«, stammelt sie verschämt, »wärst du vielleicht bereit ... ich meine, du kennst doch unseren Psychologen, Dr. Schüller. Könntest du dich ihm anvertrauen?«

Jetzt spiele ich eine große Szene. Ich springe auf und schreie:

»Nein! Das könnte ich nicht! Ich Idiot! Ich wusste es doch! Da vertraut man sich mal einem Erwachsenen an und sofort wird man für krank erklärt!«

Ich schlage mir selbst gegen den Kopf Das habe ich von meinem Sklaven Ulf gelernt. Der ist darin Weltmeister. Es tut allerdings mehr weh, als ich dachte. Bei ihm sieht es immer aus, als würde er nichts davon merken.

»Ich muss völlig bescheuert sein! Ich verblödeter Trottel! Ich hatte mir geschworen, niemals jemandem etwas zu erzählen! Wehe, Sie verraten mich! Seit ich so klein war, habe ich meinen Mund verschlossen und nicht darüber geredet, und ausgerechnet jetzt komme ich damit raus!«

Meine Aussage erschreckt sie. »Seit du so klein warst? Wie alt warst du damals?«

»Ich weiß nicht, vielleicht vier. Ich war jedenfalls noch nicht im Kindergarten.«

Frau Müller-Supente hält sich den Handrücken vor den Mund und beißt hinein.

Ja, für jeden Fisch gibt es den richtigen Köder. Und ich glaube, Luise Müller-Supente hat gerade wirklich angebissen.

Immerhin bin ich einundachtzig Euro weiter mit der Bezahlung meiner Schulden, aber jetzt muss ich sie loswerden. Schließlich will ich noch hundertneun T-Shirts verkaufen.

»Seit du vier warst …«, flüstert sie und schüttelt den Kopf. »Du hast wirklich niemals jemandem davon erzählt?«

»Nein, nie.«

»Was war denn das erste Erlebnis? Kannst du dich noch daran erinnern?«

Oh, jetzt ist Einfallsreichtum gefragt.

»Klar kann ich mich daran erinnern. Es war ziemlich erschreckend. Ich habe geträumt, es würde brennen.«

»Und – waren das Tagträume oder Nachtträume?«

»Manchmal habe ich es nachts geträumt, aber dann auch am helllichten Tag. Plötzlich, auf einmal, sah ich Flammen. Bei uns im Wohnzimmer.«

»Und dann?«, fragt sie atemlos. »Brannte es tatsächlich?«

»Ja, zu Weihnachten. Papa hatte richtige Kerzen an den Tannenbaum gemacht und damit fast das Haus abgefackelt.«

Sie verzieht den Mund. »Dein Vater. Hm.«

Dem traut sie alles zu. Wie gut, dass ich ihn hab. Dem kann ich immer alles in die Schuhe schieben.

»Du Armer«, sagt sie mitleidig, »wie sehr musst du gelitten haben. Willst du nicht doch mit Herrn Dr. Schüller reden?«

»Jetzt reicht's!«, brülle ich. »Vergessen Sie alles, was ich gesagt habe! Es war gelogen! Es war alles gelogen, verstehen Sie?«

Ich schreie so sehr, dass mir dabei Spucke aus dem Mund fliegt. Einige Tröpfchen landen in ihren Rastalocken. Das stört sie überhaupt nicht.

»Sie haben doch nicht wirklich geglaubt, was ich Ihnen gerade erzählt habe? Ich kann nicht hellsehen. Das ist alles nur Quatsch! Ich träume auch keine komischen Sachen und ich habe keine Blitze im Kopf. O nein! Wissen Sie, was in Wirklichkeit passiert ist? Ich habe im Internet-Chat geflirtet und dabei bin ich zufällig auf Frau Flamme gestoßen. Damit habe ich mir einen Riesenspaß erlaubt. Das ist alles!«

Die einfache Wahrheit kommt hier viel besser als die dreisteste Lüge. Sie glaubt mir kein Wort.

Sie geht rückwärts in Richtung Tür. Das T-Shirt hält sie vor sich wie ein Schutzschild und blubbert etwas darüber, ich solle mich doch nicht aufregen, alles würde gut werden, sie sei verschwiegen wie ein Grab.

»Fahren Sie jetzt zu Frau Flamme?«

»Ja. Sie braucht noch etwas Wäsche, Schminkzeug, einen Schlafanzug und ...«

Ich nehme ein weiteres T-Shirt und halte es ihr hin. »Wie wär's hiermit? Ein T-Shirt von den *Piraten*. Das kommt gut an im Krankenhaus. Wollen Sie ihr nicht eines mitnehmen?«

Sie nickt. »Ja. Gute Idee.«

Sie will mich jetzt natürlich nicht enttäuschen. Sie nimmt das T-Shirt und ich sage: »Macht dann noch mal sechzig Euro. Es sei denn, Sie wollen es für einundachtzig kaufen.«

»Ja, klar, gerne. Bärbel wird sich bestimmt darüber freuen. Lieb, dass du daran denkst. Soll ich sie von dir grüßen?«

Ich strecke die Hand aus. »Tun Sie das. Aber erst bekomme ich noch ...«

Sie kramt wieder in ihrer Tasche nach Geld. Wahrscheinlich hat sie vor Aufregung vergessen, dass sie mir gerade ihre letzten Euros gegeben hat. Darum erinnere ich sie daran.

»Sie haben kein Geld mehr. Das macht aber nichts. Ich nehme auch Schecks. Kreditkarten kann ich allerdings nicht akzeptieren ...«

»Woher weißt du, dass ich kein Geld mehr dabeihabe? Du kannst wirklich hellsehen. O mein Gott!« Sie richtet die Augen zur Decke, die seit vielen Jahren auf einen Anstrich wartet. Und es ist nicht der braune Fleck da oben, der Frau Müller-Supente erschauern lässt.

Sie füllt tatsächlich im Stehen einen Euroscheck aus. Ihre Hand zittert und ihr Name ist fast unleserlich. Dafür trägt sie statt sechzig Euro hundertsechzig ein.

Mir fehlen jetzt nur noch neuntausendfünfunddreißig Euro zwanzig.

Sie reicht mir den Scheck, drückt mich an sich und torkelt hinaus.

6

Es gibt so Tage, da kommt man einfach nicht zur Ruhe. Ich kapier sowieso nicht, wie andere das schaffen: ihre Schulaufgaben zu machen, ihre Zimmer aufzuräumen, ihre Eltern zu erziehen. Ich habe für so was manchmal einfach keine Zeit.

Heute zum Beispiel. Frau Müller-Supente ist gerade weg, schon steht Ulf vor der Tür. Und er sieht nicht aus, als käme er nur, um den Flur zu putzen. Er hat nämlich eine Sporttasche, einen Pappkarton und einen Koffer bei sich.

Er hält den Kopf schräg und kaut auf der Unterlippe, die sein Papa ihm blutig geschlagen hat. Er sieht entschlossen aus. Genau wie einer, der gerade sein Leben ändern will. Helden im Kino machen so ein Gesicht, bevor sie sich zum Duell stellen und ihren Unterdrückern sagen, dass es ein für alle Mal vorbei ist.

Hätte ich seinen Alten nicht erlebt, hätte ich ihn wahrscheinlich einfach weggeschickt. Aber so? Ich habe in meinem Herzen eine Sympathiestelle für ihn. Ich ärgere mich darüber, aber es ist so. Seitdem ich gesehen habe, wie sein Vater mit ihm umgeht, mag ich ihn ein bisschen mehr als früher.

Er schiebt seinen Pappkarton in die Wohnung.

Man muss kein HOJURANI-Meister sein, um zu wissen, was hier läuft. Ich würde an seiner Stelle nicht anders handeln.

»Du willst hier einziehen?«, frage ich.

Er nickt. »Ja, Meister. Ich möchte hier wohnen. Meinst du, dein Pa hat was dagegen?«

Bevor ich antworten kann, wuchtet er all seine Klamotten in den Flur und hängt seinen Rucksack an unsere Garderobe. Das hält die nicht aus. Sie kracht sofort von der Wand.

Es ist ihm gleich peinlich. Er hat Angst, jetzt davongejagt zu werden. Er zieht wieder die Schultern hoch und den Kopf ein, als würde er befürchten von hinten einen Schlag zu bekommen. Aber ich schlage meine Sklaven nicht. Überhaupt ist mir körperliche Gewalt sehr fremd.

Ein HOJURANI-Meister beherrscht jede Situation mit seinem Geist. Nur diesmal fällt es mir schwer. Eigentlich möchte ich ihn in die Arme nehmen und sagen: »Ja, bleib hier, ich würde zu dem blöden Typen auch nicht zurückgehen.« Andererseits könnte er meine Ruhe hier empfindlich stören.

Er kniet sich nieder, aber nicht, um mich anzubeten oder meine Gnade zu erflehen, nein, er betrachtet die aus der Wand gerissenen Dübel der Garderobe.

»Die sind viel zu kurz«, sagt er. »Ich repariere das. Dafür muss man mindestens Zwölfer nehmen. Außerdem sind das hier Holzdübel und keine ...« Er klopft an die Wand und nickt, als würde er von da eine Antwort hören.

»Das sind Rigipsplatten. Und dahinter ist ein Hohlraum. Da braucht man so Hohlraumdübel, weißt du, die hinten aufgehen, wenn sie ...« Er macht es mit den Fingern vor. Ich habe aber keine Lust, mir einen handwerklichen Vortrag anzuhören. Ich unterbreche ihn: »Dein Vater wird nicht damit einverstanden sein. Oder meinst du, der ist froh, wenn er dich los ist?«

»Das ist mir egal. Ich hab's satt. Ich will leben wie du. Ich will so frei lachen können wie du. Ich will mich mit meinem Pa unterhalten können. Ohne Angst zu haben, dass er mir gleich eine reinhaut.«

»Mein Pa ist nicht so toll, wie du denkst. Okay, er hat mich noch nie geschlagen. Aber – schau dich doch um, wie es hier aussieht. Der ist immer ganz mit sich beschäftigt, seiner Karriere, seinen Songs, seinen Frauen. Der hat schon keine Zeit, sich um mich zu kümmern. Wie soll er sich auch noch um dich kümmern?«

»Ich kenne deinen Pa. Wirst du bei ihm ein gutes Wort für mich einlegen?«

In meinem Mund sammelt sich mehr Spucke, als mir lieb ist. Ich muss schlucken, bevor ich antworten kann.

»Klar mach ich das.«

»Danke, Meister. Ich werde dir so wenig wie möglich auf den Keks gehen. Da musst du keine Angst haben. Ich mach alles. Es ist doch nur gut für dich, wenn dein Sklave ganz nahe bei dir ist. Ein Blick von dir reicht und ich erledige alles, was zu tun ist. Das weißt du. Ich bin dein ergebener Diener. – Wo ist eure Werkzeugkiste?«

»Unsere was?«

»Na ja, Werkzeugkiste. Bohrer, Hammer und so.«

»So was haben wir nicht.«

»Und wie habt ihr die Lampen an die Decken gekriegt?«

»Manchmal hatte Papa handwerklich geschickte Freundinnen. Zum Beispiel die Verkäuferin vom Baumarkt. Die hat hier richtige Renovierungsarbeit geleistet. Na ja und Atze ...«

»Ohne Werkzeug kriege ich die Garderobe nicht an die Wand.«

Ich winke ab. »Wir wollen sowieso ausziehen.«

»Ja, aber dein Pa wird gleich sauer auf mich sein, wenn er sieht, dass ...«

Jetzt verändert sich Pappnase Ulfs Gesicht. Seine Augen werden feucht. Ich kann es sehen: Er stellt sich vor, was *sein* Pa mit ihm machen würde, wenn er aus Versehen die Garderobe von der Wand geholt hätte.

Eine Weile schweigt Ulf. Ich nutze die Zeit und biete ihm etwas zu trinken an. Er ist mit einer Cola einverstanden. Unser Kühlschrank beeindruckt ihn, denn seit mein Papa genug Geld verdient, ist der immer voll. Zwar muss *ich* einkaufen gehen, aber dafür kann ich auch entscheiden, was im Kühlschrank ist.

Er lässt sich in der Küche auf einen Stuhl fallen. Der ächzt bedenklich, hält aber.

»Wozu braucht man eigentlich Väter, Felix?«, sinniert Ulf. »Meiner zum Beispiel, der hat von nichts 'ne Ahnung und kann mir auch nichts beibringen.«

Ich zucke mit den Schultern. »Das ist bei meinem genauso. Der Unterschied ist nur, dass meiner mich nicht schlägt.«

Siebzehn Flaschen Cola reichen aus und Ulf fühlt sich wie im Paradies.

»Im Grunde ist es doch so«, sagt er. »Dein Papa, Felix,

ist der Größte. Aber er hält sich für den letzten Versager. Während mein Papa der letzte Versager ist, aber sich für den Größten hält.«

Vor so viel Weisheit verziehe ich mich erst mal aufs Klo.

Mein Papa war auch mal wieder einkaufen und hat die Hälfte vergessen. Wir schreiben regelmäßig einen Zettel, aber den verliert er meistens. Dann kauft er »nur so nach Gefühl« ein. Hört sich locker und spontan an, aber hinterher fehlt immer das Wichtigste. Klopapier zum Beispiel ...

Jetzt sitze ich hier und brauche es wirklich dringend. Der Klopapierhalter ist leer. Zum Glück sind ein paar Zeitungen in meiner Reichweite. Papa liest meistens Zeitung, wenn er auf der Toilette sitzt. Dann teilt er alles in zwei Stapel ein: wichtig und unwichtig. Wenn der unwichtige Stapel so hoch ist, dass er umkippt, wandert er in den Papiermüll, der wichtige bleibt. Irgendwann, wenn er mal Zeit hat – aber er hat nie Zeit –, will er die Artikel ausschneiden und in ein Album kleben.

Leider ist der Stapel wesentlich größer als ich im Sitzen und ich muss mich ganz schön recken, um an das oberste Blatt zu kommen. Es ist der *Express*. Auf der ersten Seite ein großes Porträt von meinem Pa, als er ziemlich durchgeschwitzt nach einem Konzert ein Interview gibt, darunter ein kleineres Foto von allen *Piraten*. Atze sieht aus, als sei er eben aus einer Irrenanstalt entflohen. Er gibt auf der Bühne immer das Letzte, um eins der Groupies abzukriegen.

Was soll ich machen? Ich kann schließlich schlecht so aufstehen. Ich wische mir also mit meinem Papa den Hintern ab. Nun, es ist ja nicht wirklich mein Pa, sondern nur ein Foto von ihm und ein Bericht über seinen legendären Auftritt im Tanzbrunnen. Aber dieses Stück Papier wird garantiert in kein Album mehr kommen, egal, wie ordentlich seine nächste Freundin ist.

Als ich wieder in die Küche zurückkomme, ist mein Papa da. Er sieht schlecht gelaunt aus. Das kommt bei ihm nicht oft vor. Das Leben kann ihn noch so sehr ins Gesicht schlagen, meistens grinst er zurück. Früher hatte er wenigstens manchmal einen Kater. Seitdem er nicht mehr säuft, ist seine gute Laune kaum noch auszuhalten.

Jetzt liegt in seinem Gesicht eine brütende Wut. Manchmal, wenn er sich mit Mama gezankt hatte, sah er so aus. Er tänzelt nervös von einem Bein aufs andere, hat gar keine Zeit, wirklich hier zu sein. Das kenne ich an ihm. Eigentlich müsste er ganz woanders sein und da wird er schon vermisst. Einmal hatte er ein Treffen mit einer neuen Freundin in Holweide, eins mit einer Verflossenen, »um die Beziehung zu klären« in Mülheim, gleichzeitig eine Geburtstagsfeier mit Mama und den Verwandten in Porz, eine Probe mit der Band in Deutz und einen Elternabend für mich in Dellbrück. Wohin er dann ging? Nun, meistens ins Latino. Und hinterher noch quer über die Straße auf einen Absacker ins Café Seitensprung. Um sich das Gefühl wegzusaufen, mal wieder alles falsch gemacht zu haben.

So ähnlich ist er jetzt drauf, nur das Latino steht ihm nicht mehr zur Verfügung. Denn wenn er sich da an die Theke stellt und ein Mineralwasser trinkt oder einen Apfelsaft, hilft ihm das nicht sehr beim Vergessen.

In solchen Situationen lasse ich ihn meistens einfach in Ruhe und warte, bis der Anfall vorbei ist. Aber Ulf kennt das noch nicht. Er spricht meinen Papa gleich an: »Herr Schnupfen? Sie kennen mich. Ich bin der Freund von Felix.«

Mein Pa grinst gequält: »Ja, du bist der, der das Auto kaputtgefahren hat. Ich weiß. Dieser Typ war hier und wollte neuntausendzweihundertsechsundsiebzig Euro und zwanzig Cent von mir.«

»Ich habe eine Bitte, Herr Schnupfen. Darf ich hier wohnen?«

Die Augen von meinem Pa werden ganz klein. »Du willst hier einziehen? In diese Bruchbude?«

»Ja, das wäre mein größter Traum.«

»Wieso?«

»Mein Vater ist ein schlechter Mensch. Er schlägt mich. Manchmal nur mit den Fäusten. Aber wenn er besoffen ist, nimmt er, was er kriegen kann. Kleiderbügel, Ledergürtel und Schlimmeres.«

Mir wird fast schlecht bei dem Gedanken, denn mir ist eins klar: Ulf übertreibt nicht. Das hier ist keine Lüge. Der steht mit der ganz schlichten Wahrheit da und bittet um Hilfe.

Mein Papa wehrt sich nicht lange. Er fragt nur noch: »Und wie kommst du ausgerechnet auf uns? Es gibt so viele schönere Orte als den hier.« Papa zeigt auf die Wände in der Küche, die seit Jahren nicht gestrichen wurden, und auf die heraushängende Steckdose neben dem Kühlschrank.

Ulf gibt ihm sofort recht. »Es gibt bestimmt schönere

Wohnungen als diese. Aber ich kann mir keinen besseren Papa vorstellen.«

Mein Pa steht wie unter Schock. Nur mühsam fasst er sich. Früher hätte er sich in so einer Situation sofort eine Zigarette gedreht. Jetzt plumpst er nur einfach auf einen Stuhl.

Entweder ist Ulf viel gerissener, als ich dachte, oder er und mein Papa passen wirklich zusammen.

»Ich habe Felix immer um diesen Vater beneidet. Sie sind für mich der Größte. Nicht nur als Musiker, sondern auch ... na, als Typ eben.«

Ich finde, jetzt reicht es. Ich gebe meinem Pa ein Glas Wasser. Er trinkt es gierig aus. Dann schaut er Ulf ernst an und sagt: »Okay. Wir können es ja miteinander versuchen. Machen wir eben eine Männer-WG auf. Du, Felix und ich.«

Vor Freude fällt Ulf ihm um den Hals. Ich habe zwar gehört, was mein Pa zu ihm gesagt hat, aber ich kann es nicht ganz glauben. Es bleibt auch keine Zeit, das mit Pa zu besprechen, denn er muss natürlich sofort wieder weg. Er ist eigentlich nur gekommen, weil er am Automaten Geld ziehen wollte und seine Geheimnummer vergessen hat. Er hat sie dreimal falsch eingetippt und der Kasten hat die Karte behalten. Das zumindest erzählt er.

Ich weiß nicht ganz, ob ich ihm trauen kann. Früher erfand er oft solche Geschichten, weil er in Wirklichkeit einfach nur pleite war und die Bank sein Konto gesperrt oder seine Kreditkarte eingezogen hatte. Er müsste eigentlich flüssig sein. Immerhin ist er ein Popstar. Aber bei ihm weiß man nie so genau. Vielleicht stimmt es, vielleicht nicht. Er lügt nicht ganz so gut wie ich, aber doch gut genug, um mich reinzulegen.

Ulf macht gleich sein Portmonee auf und holt alles heraus, was er besitzt: zwölf Euro sechzig. Ich habe immerhin einundachtzig Euro in bar und einen Scheck über hundertsechzig.

Mein Pa nimmt alles. Auch den Scheck. Den könne er schließlich locker flüssig machen. Er gibt sich nicht mit Fragen ab wie: »Junge, wie bist du an das Geld gekommen? Wieso stellt dir die Müller-Supente einen Scheck aus?« Nein, mit solchen Kleinigkeiten hält sich mein Pa nicht auf. Er nimmt alles, bedankt sich bei uns, sagt, dass wir wunderbare, tolle Kerle sind und dass es wirklich Spaß macht, mit uns zusammenzuleben.

»Ich komm heute Abend nicht. Bestellt euch einfach eine Pizza«, schlägt er vor und ist schon fast draußen. Ich rufe ihm hinterher: »Wovon denn? *Du* hast doch unser ganzes Geld!«

Noch im Flur, schon eine Treppe tiefer, ruft er hoch: »Ach, die Spießer sollen sich nicht so anstellen und es anschreiben! Sag einfach, ich zahl es beim nächsten Mal mit!«

»Dein Alter ist voll cool, äj«, sagt Ulf und schlägt vor Freude mit der rechten Faust in seine offene linke Handfläche.

Ich bezweifle, dass wir erstens auf diese Art eine Pizza kriegen werden, und zweitens habe ich so ein mulmiges Gefühl, als ob es mit meinem Pa wieder bergab geht. Irgendwas ist da nicht in Ordnung. Außerdem brauche ich jetzt wieder neuntausendzweihundertsechsundsiebzig

Euro und zwanzig Cent, damit Susis Papa uns in Zukunft in Ruhe lässt.

Ich habe keine Lust, den Rest des Abends mit meinem Sklaven in der unaufgeräumten Wohnung zu verbringen. Als ich auf der Straße bin, schneit es schon wieder. Was ich an dieser Winterzeit nicht mag, ist, dass es so früh dunkel wird. Man hat ständig feuchte Klamotten und alle Räume sind überheizt. Man pendelt so zwischen Frieren und Schwitzen.

Aber jetzt gefallen mir die tanzenden Schneeflocken plötzlich gut. Im Neonlicht der Tankstellenwerbung kriege ich irgendwie ganz eigenartige Gefühle. So wie früher zu Weihnachten, wenn ich vor dem erleuchteten Tannenbaum stand und dachte, dass meine Eltern die besten Eltern der Welt sind. Wenn ich mich geliebt fühlte, von ihnen und vom Christkind, und die ganze Welt hätte umarmen können, weil ich eben noch keine Ahnung davon hatte, wie es wirklich läuft.

Das war ein schönes Gefühl und jetzt kommt es plötzlich wieder. Keine Ahnung, woher. Es hat mit den Schneeflocken zu tun, vielleicht auch ein bisschen mit dem Licht und dem, was vorhin zwischen meinem Pa und Ulf passiert ist.

Ich halte das Gesicht nach oben, so dass die Schneeflocken ungehindert darauf fallen können. Ich strecke die Zunge heraus, wie ich es als kleiner Junge gemacht habe, und tatsächlich treffen ein paar Flocken darauf. Ihre kalte Berührung erinnert mich an Weihnachtsgebäck, Spekulatius und gefüllte Schokoladenkugeln. Sie schmecken natürlich nicht wirklich danach, aber sie erinnern mich daran. Ich kann gar nicht aufhören in diese Schneeflocken zu schauen. Ein bisschen fühle ich mich wie sie. Ich komme aus dem Nichts und trudle langsam nach unten. Keine Ahnung, wozu das gut ist und wie lange es dauern wird.

Mein Papa hat oft von sich gesagt, er sei ein Steppenwolf. Den Vergleich fand ich immer völlig blöde. Wahrscheinlich hieß der einzige Roman so, den er je gekauft hat. Ich selbst habe immer so etwas für mich gesucht. So einen stimmigen Vergleich. Ich bin wie … Jetzt weiß ich es: Ich bin wie eine Schneeflocke.

Ich fühle mich gut damit. Es hat so etwas von Freiheit. Von einer langen, abenteuerlichen Reise aus den Wolken bis auf die Erde. Das Treiben der Flocken sieht fröhlich aus. Unbeschwert.

Ich schaue einer einzelnen nach. Sie ist besonders dick, wahrscheinlich weil sich so viele Kristalle ineinander verfangen haben. Sie gerät in einen Windstoß, fliegt noch mal ein Stückchen hoch, schwebt dann wie eine Feder schaukelnd nach unten, vereinigt sich mit weiteren Flocken. Ich möchte hinlaufen, um sie auf meiner Hand landen zu lassen. Aber das geht nicht, denn die Bergisch-Gladbacher Straße ist um diese Zeit stark befahren, und meine Flocke landet auf der vermatschten Fahrbahn. Ein Lkw gibt ihr dann den Rest. Ich hätte Lust, den Fahrer anzuzeigen. Nein, das stimmt nicht. Es ist viel schlimmer. Am liebsten würde ich ihn aus seinem Auto rausholen und zusammenschlagen. Ich weiß, ich würde so etwas nie tun. Aber jetzt kommen solche Gefühle.

Verdammt, was ist bloß los mit mir, denke ich. Ich bin ein HOJURANI-Meister, keine Schneeflocke. Mein Sklave ist gerade bei mir eingezogen. Ich habe nur noch einen Tag Zeit, das nötige Geld zu beschaffen. Ab dann bin ich vierzehn Tage bei meiner Mama. Es wird wieder regelmäßige Mahlzeiten geben. So gesund, dass man Pickel davon kriegt. Ich werde gebügelte T-Shirts tragen und mich anständig benehmen, während Ulf bei meinem Papa wohnt. Hm … Ich weiß gar nicht, wie ich das finde.

Immer wenn man mal gerade die Ruhe genießt und ein bisschen über sich und das Leben nachdenkt, kommt irgendjemand daher und drängt einem seine Probleme auf. Warum sollte es heute anders sein?

Frau Kemperhausen kommt auf mich zu. Sie schleppt mindestens fünf Einkaufstüten. Alle prallvoll. Die Plastikbeutel drohen zu reißen. So wie sie mich ansieht, denke ich gleich: Wenn ich die Schneeflocke bin, dann ist sie der Lkw.

Sie ist eine von Mamas Kundinnen. Eine von den unangenehmen, eine von denen, die auf der Straße wiedererkannt und freundlich gegrüßt werden wollen. Und wehe, ich bemerke sie nicht und sage nicht: »Oh, guten Tag, Frau Kemperhausen, wie geht es Ihnen?« Dann beschwert sie sich bei meiner Mama. Dann fallen Sätze wie: »Ihr Sohn hat es wohl nicht nötig zu grüßen. Die Tochter von Frau Radberger grüßt immer ganz freundlich.«

Frau Radberger hat ein Friseurgeschäft in Mülheim. Sie kann Mama nicht leiden, weil Mama einfach besser ist und viele Kundinnen lieber zu ihr kommen.

Frau Kemperhausen gehört zu den Kundinnen, die wollen, dass die Kinder des Friseurs, bei dem sie sich die Haare machen lassen, des Metzgers, des Schuhgeschäfts und des Lebensmittelladens, bei dem sie einkaufen, ihnen ständig die Füße küssen und ihnen dankbar sind, denn im Grunde ernähren sie ja diese Kinder.

Wenn die wüsste, wie ich sie hasse …

Ob Susi auch allen Leuten, die von ihrem Papa mal verurteilt wurden, freundlich Guten Tag sagen muss? – »Hallo, Herr Mörder. Ich wünsche Ihnen einen schönen guten Tag und schöne Grüße auch an Ihre Frau. Ach, Entschuldigung, die lebt ja nicht mehr, die haben Sie ja umgebracht …«

Nein, ich glaube, Susi hat es da einfacher als ich.

Ich überlege noch, ob die hier wirklich Frau Kemperhausen ist. Man muss die Kundinnen nämlich auch mit ihrem Namen anreden, um sie nicht zu verärgern. Es gibt drei, die ähnlich bescheuert aussehen wie sie.

Einmal habe ich zu Frau Gensfleisch Frau Rinderleber gesagt. Niemand konnte darüber lachen – na gut, mein Papa, als ich es ihm später erzählt habe. Ich bekam Stubenarrest mit Fernsehverbot. So lernte ich schon früh: Namen zu verwechseln ist gefährlich. Vor allen Dingen, wenn man regelmäßig seine Lieblingsfernsehserie sehen will.

»Schön, dass ich dich treffe, Felix. Das ist vielleicht eine Schlepperei. Mein Auto ist nämlich in der Werkstatt. Da muss ich alle Besorgungen mit dem Bus machen und zu Fuß.«

Nun schaut mich Frau Kemperhausen streng und kritisch an. Sie zieht dabei die linke, zu einem schmalen Strich gezupfte Augenbraue hoch. So ähnlich sehen Seeräuber ihre Opfer an, kurz bevor sie sie den Haifischen zum Fraß vorwerfen.

Nun muss ich natürlich sagen: »Das mache ich doch gerne für Sie, Frau Kemperhausen.« Danach darf ich als ihr Packesel neben ihr hertrotten und mich mit ihren Weisheiten zutexten lassen, falls sie mir nicht etwas aus ihrem tollen, abenteuerlichen Leben erzählt.

Jetzt kann ich nicht gut die Wahrheit sagen. Die würde so klingen: Es ist mir völlig egal, wie Sie Ihre Sonderangebote nach Hause kriegen. Ich gucke gerade den Schneeflocken nach und kriege dabei Erkenntnisse über mich und das Leben. Bitte stören Sie mich dabei nicht.

Eine gute Lüge ist jetzt Gold wert. Solche Sachen fallen mir leicht. Mit Mamas Kundinnen fertig zu werden habe ich ja praktisch vom ersten Lebensjahr an gelernt. Ich glaube, ich konnte noch nicht richtig sprechen, da konnte ich schon lügen. Ich hatte zum Beispiel Lust, ihnen in die Wade zu beißen oder auf die Schuhe zu spucken, ihnen die Zunge rauszustrecken und Grimassen zu ziehen. Stattdessen lächelte ich freundlich und spielte süßer kleiner Junge.

»Das ist wirklich viel zu schwer für Sie, Frau Kemperhausen«, sage ich. »Das ist nicht gut für Ihre Wirbelsäule. Und überhaupt sollten Frauen nicht so schwer tragen.«

Sie nickt zufrieden. Auf genau so etwas hat sie gehofft. Wahrscheinlich überlegt sie schon, ob sie mir danach ein Dankeschön geben soll, ein Bonbon oder ein paar Cent. Wahrscheinlich kann sie es nicht mit ihrem Gewissen vereinbaren, mir Geld zu geben, denn sie gehört zu den Erwachsenen, die ihren Geiz damit begründen, dass man die Jugendlichen nicht zu früh daran gewöhnen darf, dass man für alles Geld bekommt. Es gibt doch auch noch Dinge, die man aus Höflichkeit und Anstand macht.

Ich reiße sie aus ihren Gedanken, indem ich nun den Onkel Doktor zu meiner Rettung anführe.

»Ich würde Ihnen das ja gern nach Hause tragen, aber ...« Etwas an diesem »aber« gefällt ihr überhaupt nicht. Nun zieht sie *beide* Augenbrauen hoch.

»Leider hat Doktor Mengerskirchen es mir verboten. Ich habe mir nämlich genau mit so einer Schlepperei die Wirbelsäule kaputtgemacht. Kein Wunder. Meine Schultasche ist schwerer als das Marschgepäck der Bundeswehrsoldaten.«

»Er hat es dir verboten?«

»Ja, er sagte, wenn ich so weitermache, lande ich noch vor lauter Freundlichkeit im Krankenhaus. Ich habe nämlich immer ...« Ich versuche, fast verlegen zu lächeln. »... den Kundinnen die Einkaufstüten nach Hause getragen. Ich bin eben ein freundlicher Junge, wie Sie wissen. Jetzt, da fast jeder eine Zentralheizung hat, geht es ja. Früher habe ich noch beim Kohleschippen geholfen. Das war gar nicht gut für meinen Rücken.«

Ich lege eine Hand ins Kreuz und biege mich krumm. Sie glaubt mir natürlich kein Wort. Aber es besteht irgendwie die Möglichkeit, dass was dran ist an der Sache, und sie kann schlecht was dagegen sagen. Sie verzieht nur die Mundwinkel, dreht sich um und lässt mich einfach stehen.

Na klasse. Was will ich mehr?

Eigentlich ist es hier draußen jetzt ungemütlich und kalt. Warum gehe ich nicht einfach zurück? Warum fläze ich mich nicht mit einer Tüte Chips vor den Fernseher und schaue Papas Horrorvideos? Nun, ganz einfach: Ich habe gerade keine Lust auf Ulfs Anwesenheit. Ich wäre lieber mit mir alleine. Gut, ich könnte zu Mama. Ich müsste auch nicht im Friseurgeschäft bleiben, ich dürfte sicherlich hoch in mein Zimmer. Aber ich habe keinen Bock, mir ihre Reden über Papa anzuhören. Ich will auch nicht meine Schuhe auszuziehen, bevor ich in die Wohnung darf. Diese ganze wohlanständige Aufgeräumtheit würde mich im Moment nur runterziehen.

Wieder beginne ich etwas an meinem Papa zu verstehen. Mama hat ihm immer vorgeworfen, dass er dauernd unterwegs ist und ständig so spät nach Hause kommt. Jetzt begreife ich ihn. Es ging ihm wie mir. Er hat sich einfach nicht wohl gefühlt. Er war nicht draußen, weil da irgendetwas Spannendes passiert ist. Atze ist kein besonders anregender Gesprächspartner. Aber Pa findet Atze toll, weil der den Mund hält. Und wenn er spricht, dann muss man nicht unbedingt zuhören. Mein Papa ist einfach nur geflohen.

1

Als ich zu unserer Wohnung zurückkomme, ist sie nicht mehr die, die sie mal war. Ich höre den Lärm schon im Flur. Es ist dieses Bohrergejaule, das mir gleich in den Magen fährt, weil es mich an den Zahnarztbesuch erinnert, den ich seit Wochen vor mir herschiebe.

Wir haben keinen Bohrer im Haus. Mama hat Papa mal einen zu Weihnachten geschenkt. Das war wohl eine Anspielung auf irgendetwas, denn Papa fand, es sei eine Gemeinheit. Er hat das Ding in die Kneipe mitgenommen. Dort hat er es beim »17 und 4« verloren, wie so vieles.

Als Erstes fällt mir diese ungeheure Helligkeit auf. Man sieht einfach alles. Nicht nur *eine* Sechzig-Watt-Birne erleuchtet unseren Flur, nein, gleich drei. Keine Ahnung, wo er die gefunden hat. Die Garderobe hängt wieder an der Wand. Unser Schuhschrank hat Griffe.

Dabei war ich nur zwei, höchstens drei Stunden unterwegs.

Aber mir gefällt die Helligkeit eigentlich gar nicht, denn jetzt sieht man erst, wie schrecklich der Teppich im Flur aussieht. Vielleicht hat Mama sich doch was dabei gedacht, dass man bei ihr immer die Schuhe ausziehen muss, wenn man reinkommt. Alles hat sein Für und Wider.

Mit jedem Tag, den ich älter werde, kapiere ich mehr:

Alles ist genauso gut wie sein Gegenteil. Von den meisten Wahrheiten ist auch das Gegenteil richtig. Tag und Nacht. Wahrheit und Lüge. Alles gehört eng zusammen.

Das Bohrgeräusch kommt aus dem Wohnzimmer. Na klar. Ulf hat sich alles bei der Nachbarin geliehen. Auch die Leiter und einen gut gefüllten Werkzeugkasten. Heraushängende Steckdosen existieren in unserer Wohnung nicht mehr. In der Küche brennt Licht und auch die Rollläden kann man anscheinend wieder vollständig hochziehen.

Ulf dübelt gerade die Gardinenstangen an. Die hingen schon hier, als Papa eingezogen ist. Mit Vorhängen dran. Die linke Seite fiel irgendwann runter. Ich wette, als Nächstes wird mein Sklave die Dinger in die Waschmaschine stecken.

Beate, unsere Nachbarin, sitzt rauchend im Sessel und schaut Ulf bei der Arbeit zu. Endlich hat sie jemand gefunden, der ihr zuhört. Ihr Geschnatter übertönt die Bohrmaschine.

»Also, ich finde das wunderbar, wenn junge Leute so was können. Und wie du mit drei Handgriffen das Abflussrohr in meiner Küche abgedichtet hast! Dafür lade ich dich gerne auf eine Pizza ein. Früher hat mein Mann ja alles repariert. Aber jetzt – der interessiert sich im Grunde für gar nichts mehr. Nicht für die Wohnung, nicht für mich, nicht – ach!«

Die Asche fällt von ihrer Zigarette auf den Teppich. Das macht bei unserem Teppich aber nicht mehr viel aus.

Ich ahne, wie es weitergeht. Ulf wird nicht nur unsere,

sondern auch ihre Wohnung in Ordnung bringen. Er saugt ihr Lob in sich auf wie ein Kamel nach einem langen Wüstenritt Wasser in der Oase.

Wenn ich mir Beates Beine ansehe, die sie so malerisch übereinandergeschlagen hat, dann weiß ich, dass ihr Mann bald nicht nur von Ulf Konkurrenz kriegen wird, sondern auch von meinen Papa. Das gefällt mir gar nicht, denn Papas Affären dauern nie lange und so eine kaputte Liebesgeschichte mit Eifersuchtsdramen und allem Drum und Dran direkt in dem Haus, in dem wir wohnen, kann den Frieden ganz schön stören. Es ist mir lieber, wenn seine Freundinnen ein paar Straßen weiter weg wohnen.

Außerdem fühle ich mich gerade irgendwie an den Rand gedrängt, so als würde ich gar nicht mehr richtig hierher gehören.

Da klingelt jemand Sturm. Entweder klemmt der Klingelknopf oder wir haben es mit einem Bekloppten zu tun.

Ulf sieht aus, als sei dieser Klingelton eine Art Bombenalarm, als würde er eine tödliche Bedrohung ankündigen. Er springt von der Leiter.

»Das ist mein Vater!«, stöhnt er. »Mach bloß nicht auf!«

Ich gehe zur Tür und schaue durch den Spion. Das Glas ist etwas milchig, weil wir es noch nie geputzt haben. Normalerweise benutzen wir das Ding auch gar nicht. Aber ich kann Ulfs Vater dadurch sehen. Er sieht noch schlimmer aus als in Wirklichkeit, denn das Glas verzerrt sein Gesicht so sehr, dass seine Knollennase noch größer wird, der Rest vom Kopf aber kleiner. Er ist rot vor Wut.

»Mach auf«, brüllt er, »oder ich trete die Tür ein! Ich weiß genau, dass du da bist!«

Schon steht Ulf hinter mir. »Bitte nicht, Meister! Er hat schon vier Mal angerufen. Er ist total sauer.«

»Meinst du, er tritt wirklich die Tür ein?«

»Dem traue ich alles zu. Der hat schon zweimal wegen Körperverletzung gesessen.«

Beate kommt jetzt zu uns. Sie kriegt gerade noch Ulfs Satz mit, vergisst ihre Zigarette ganz, macht große Augen und hält die Luft an.

»Was schlägst du vor?«, frage ich, obwohl das ziemlich blöd ist, denn der Meister sollte seinen Sklaven nicht um Rat bitten. Trotzdem scheint es mir richtig, denn Ulf kennt seinen Vater besser als jeder andere.

»Ruf deinen Pa. Alleine werden wir mit dem nicht fertig.«

Beate schließt sich seiner Meinung sofort an. »Ja, ruf deinen Pa oder die Polizei.«

»Wenn die Polizei kommt und ihn mitnimmt, kann ich schon mal meine Knochen nummerieren. Der wird mich …«

»Ich hör euch doch hinter der Tür! Glaubt ihr, ich bin bescheuert?«

Ich muss als HOJURANI-Meister zeigen, was ich kann.

»Ja, genau das glauben wir!«, rufe ich. »Und jetzt hauen Sie gefälligst ab! Das ist unsere Wohnung und das Ganze hier nennt man Hausfriedensbruch!«

»O nein, o nein«, stöhnt Ulf. »Du machst alles nur noch schlimmer. Mein Alter hat seine Wut sowieso nie im Griff. Wenn der austickt, dann …«

»Gibt's hier einen Hinterausgang?«, fragt Beate.

»Dein Pa. Kannst du irgendwie deinen Pa erreichen?«, fleht Ulf.

Ich wehre ab. »Der hat kein Handy mit.«

»Meister! Mach HOJURANI! Los! Nimm im Geist Kontakt zu ihm auf. Rette uns, Meister!«

Ich schließe die Augen, um einen Moment nachzudenken. Da geht unten im Hausflur bereits die Tür.

Herr Bauer beginnt sich eine Zigarette zu drehen.

Jeder von uns guckt einmal durch den Spion, um ihn dabei zu beobachten. Völlig klar, was er uns damit sagen will: »Ich hab Zeit. Ich geh hier nicht weg. Und irgendwann müsst ihr rauskommen.«

Da erscheint mein Pa hinter ihm. Ich sehe es durch den Spion. Ulf kniet vor dem Schlüsselloch.

»Meister«, haucht er, »du bist der Größte.«

Obwohl alles ziemlich hektisch und aufregend ist, nimmt Beate sich noch Zeit, zu fragen: »Wieso sagst du immer Meister zu ihm? Ist das ein Spiel? Heißt er so? Soll ich das jetzt auch tun?«

Mein Papa sieht gar nicht gut aus und ich glaube, das liegt nicht nur daran, dass dieser unangenehme Mensch vor unserer Tür steht. Überhaupt, warum ist Papa schon wieder zurück?

Mein Pa schließt einfach auf. Ulf flüchtet sich augenblicklich in die hinterste Ecke des Wohnzimmers, hinters Sofa, da, wo mein Goldhamster sich früher so gern verkrochen hat. Auch Beate sieht zu, dass sie Land gewinnt. Sie verkriecht sich aber nicht. Sie setzt sich wieder in den Sessel, schlägt die Beine übereinander und zündet sich nervös eine neue Zigarette an.

Herr Bauer drängt sich mit meinem Vater durch die Tür. In dem schmalen Flur quetschen sie mich fast zwischen Tür und Wand ein. Erstaunt bleibt Papa stehen. Natürlich bemerkt er gleich, was sich verändert hat. Er zwinkert. Ihm ist es wohl auch zu hell. Er kümmert sich gar nicht um den wütenden Herrn Bauer, sondern berührt jetzt die Griffe vom Schuhschrank.

»Geben Sie meinen Sohn raus! Ich will Ulf zurückhaben oder ich mache Kleinholz aus der Bude!«

Mein Papa ist wirklich den Umgang mit Spinnern, Besoffenen und Zugekifften gewöhnt. Er lässt sich von solchen Drohungen nicht aus dem Konzept bringen.

Er schaut mich an. »Hat dein Freund das gemacht?«

Ich nicke.

Papa pfeift leise durch die Zähne. »Dann kann ich verstehen, dass Sie ihn zurückhaben wollen«, sagt er mit einer gewissen Anerkennung in der Stimme.

»Ulf! Du kommst sofort hierher!«, brüllt Bauer und macht mit dem Zeigefinger der rechten Hand eine Geste zu seinen Füßen. So hat er auch seinen Hund dressiert.

Ulf kommt nicht aus seinem Versteck heraus.

Mein Vater antwortet für ihn: »Wir haben hier so eine Art Männer-WG gegründet.«

Das reicht Bauer. Er stößt meinen Vater zur Seite und stürmt kampfbereit ins Wohnzimmer. Dort sieht er zunächst nur unsere Nachbarin. Sie pustet ihm den Qualm ihrer Zigarette entgegen und lächelt mit leicht verspanntem Gesichtsausdruck.

»Soso, Männer-WG!«, schimpft Bauer mit Blick auf Beate.

Er bläst sich jetzt erst richtig auf. Er macht sich ganz groß und legt los: »Ich habe Erkundigungen über Sie eingezogen! Das Jugendamt wollte Ihnen sogar Ihren Sohn wegnehmen! Sie sind ein ganz mieser Charakter! Nicht mal Ihre Frau traut Ihnen über den Weg! Sie verderben die jungen Menschen! Zucht und Ordnung lernen die hier jedenfalls nicht! Sie sind eine Katastrophe!«

»Hat meine Frau das gesagt oder die Müller-Supente vom Jugendamt? Nein, lassen Sie mich raten. Meine Frau hätte das nicht gesagt. Für die bin ich doch eher ein ›arbeitsscheuer Versager‹ als eine ›Katastrophe‹. Oder ein ›Stinktier‹. Und die Müller-Supente ... die mag doch zumindest meine Musik, oder nicht?«

Bauer stöhnt. »Jedenfalls nehme ich meinen Sohn mit.«

»Das glaube ich nicht«, sagt mein Pa und ich bewundere ihn für seine Coolness. »Dies ist ein freies Land. Da darf man wohnen, wo man möchte. Und Ihr Sohn möchte gerne hier wohnen.«

»Der kann doch nicht machen, was er will! Ich habe das Aufenthaltsbestimmungsrecht! Was glauben Sie überhaupt, wer Sie sind?«

»Ich bin André Schnupfen. Und ich wäre an Ihrer Stelle auch sauer, wenn mein Sohn nicht mehr bei mir bleiben wollte. Aber haben Sie sich mal gefragt, ob das nicht irgendetwas mit Ihnen zu tun haben könnte?«

Bauer staunt meinen Vater an. »Mit mir?«

»Was glauben Sie denn? Sie haben einen ganz tollen Sohn. Der hat hier in ein paar Stunden mehr repariert, als ich in den letzten Jahren kaputtgemacht habe. Er ist nett, freundlich und ...«

»Von wem reden Sie überhaupt?«

»Von Ihrem Sohn, meinem Freund Ulf Bauer.«

Irgendwie spiele ich echt überhaupt nicht mehr mit und ich überlege, wie ich mich wieder ins Gespräch bringen kann.

»Er ist auch mein Freund«, sage ich und weiß nicht, ob das nun gelogen ist oder nicht.

Irgendetwas macht Ulf gerade sehr viel Mut. Er springt hinter dem Sofa hervor und brüllt: »Ich komme nie mehr zurück! Nie mehr! Das hier ist eine richtige Familie! Ich weiß jetzt, wie so was aussieht!«

Sein Vater will gleich auf ihn losgehen. Er holt mit der Hand aus und schlägt nach Ulf. Ulf taucht unter der Ohrfeige weg. Er springt übers Sofa und rettet sich jetzt hinter die Alu-Stehleiter.

»Lassen Sie ihn in Ruhe!«, schreie ich.

»Ruf doch einer die Polizei!«, keift Beate.

Noch einmal schlägt Herr Bauer zu, aber er trifft nur die Leiter. Es gibt einen Ton, als würde Leo, der Schlagzeuger der *Piraten*, auf die Becken trommeln. Es muss wohl wehtun, denn Ulfs Vater verzieht jaulend das Gesicht. Die Stehleiter klappt zusammen und er hat die Finger dazwischen.

Beate kommentiert die Situation: »Die kleinen Sünden bestraft der liebe Gott sofort.«

Ulfs Vater versucht die Leiter von der Hand zu schütteln. Das geht aber nicht. Seine Finger klemmen fest.

»So«, sagt mein Pa, »das reicht jetzt. Verziehen Sie sich bitte.«

Herr Bauer ist schon etwas kleinlauter geworden. Im

Schmerzenzufügen ist er wohl groß, im Ertragen nicht so sehr.

»Würden Sie uns jetzt bitte verlassen? Ich rufe sonst tatsächlich die Freunde und Helfer.«

»Ihr werdet mich noch alle kennenlernen!«, schreit Bauer.

Mein Vater schiebt ihn zur Tür. Die Leiter zieht Bauer an seiner rechten Hand hinterher. Und dann erlebe ich, dass mein Vater einen Satz meiner Mutter zitiert: »Sie sind kein schlechter Mensch«, sagt er zu ihm. Er benutzt dabei sogar die Tonlage meiner Mutter. »Es gibt immer eine Chance, umzukehren. Besinnen Sie sich. Schauen Sie sich Ihr Leben doch mal an. Gefällt es Ihnen etwa so? Macht es Ihnen Spaß, so ein Ekel zu sein?«

Mit dieser Frage lässt Papa ihn allein vor der Tür stehen. Das heißt, nicht ganz allein. Er hat noch die Leiter neben sich, in der seine Finger klemmen, als Papa die Tür vor seiner Nase zuknallt.

Der Flohmarkt ist bei dem Wetter zwar überdacht, aber es kommen trotzdem nicht viele Leute. Die T-Shirts laufen nicht. Zumindest nicht zu dem Preis, zu dem ich sie verkaufen müsste, um die neuntausendzweihundertsechsundsiebzig Euro und zwanzig Cent bezahlen zu können.

Ulf steht neben mir. Vielleicht schreckt das auch einige Kunden ab, denn niemand traut sich mit ihm zu handeln. Er wirkt, als wolle er einem gleich die Nase platt hauen. Aber um mir zu helfen, hat er alle Sachen, die er entbehren kann, mit auf den Tisch gelegt. Ein altes Paar Boxhandschuhe, die Boxershorts, in denen er die Stadtmeisterschaft gewonnen hat. – Komisch, wieso interessiert sich bloß kein Käufer dafür?

Ich könnte es ihm sagen, aber ein HOJURANI-Meister und größter Lügner aller Zeiten weiß, wann er zu schweigen hat.

Jedes Mal, wenn jemand nach den Boxhandschuhen greift oder sich die Shorts anschaut, sagt Ulf: »Klitschkos Sachen sind in London versteigert worden. Allein seine Handschuhe sollen neuntausendzweihundertsechsundsiebzig Euro und zwanzig Cent gebracht haben.«

Ist er nicht rührend? Aber niemand fällt drauf rein.

Auch sein altes Feuerwehrauto, bei dem nur der Lenker

und das Blaulicht fehlen, will keiner haben. Bis mittags haben wir sechs T-Shirts verkauft und sind durchgefroren. Mehr als sechs Euro will keiner zahlen. Am Imbissstand stehen die Leute aber Schlange und der Duft benebelt uns die ganze Zeit. Wir essen jeder eine Portion Mexikanisches Chili mit viel Knoblauch und braunen Bohnen drin. Es ist so scharf, dass wir danach einen Liter Cola brauchen. Ich schaffe auch noch eine Riesenbratwurst mit Senf, Ulf zwei mit Senf und zwei mit Curryketchup.

Dann müssen wir pro Meter zwanzig Euro Standgebühr bezahlen und damit sind wir im Minus. Der Tag droht ein richtiger Reinfall zu werden.

Von Ferne sehe ich jetzt auch noch Anne kommen, zusammen mit ihrer Mutter. Mein Gesicht schmerzt schon, als würde es sich bereits auf die drohenden Ohrfeigen freuen, aber dann kommt alles ganz anders. Als Anne mich sieht, reißt sie sich von ihrer Mutter los und stürmt zu mir. Sie hat eine Tüte gebrannter Mandeln in der Hand. Einige Mandeln fallen auf den Boden. Anne bückt sich, hebt die Mandeln auf und schiebt sie sich in den Mund. Das bringt ihre Mutter an den Rand eines Ohnmachtsanfalls.

Schon ist Anne bei mir. Sie nimmt meine Hände, schüttelt sie und strahlt mich an: »Ich danke dir, Felix! Ich danke dir. Du bist wirklich ein HOJURANI-Meister. Schau nur!«

Sie schiebt ihren roten, selbst gestrickten Pullover hoch. »Mein Ausschlag!«, jubelt sie. »Schau doch! Es ist viel, viel besser geworden! Es juckt kaum noch und ich fühl mich auch freier, besser! Ich habe die ganzen Medikamente einfach weggeschmissen!«

»Gut«, sage ich, »das ist sehr gut.«

»Nur hier zwischen den Fingern juckt es noch ein wenig und am Hals.«

Inzwischen ist Annes Mutter bei unserem Stand angekommen und macht sich hinter ihr breit. Eine Wolke aus Parfum weht auf uns zu. Es beißt in meinem Hals, als hätte ich kleine Nadeln geschluckt, die jetzt in den Kehlkopf stechen. »Sind das die Jungs, mit denen ich dir den Umgang verboten habe?«

»Ja, Mama. Das sind sie. Das ist Felix Schnupfen, der HOJURANI-Heiler. Und das ist Ulf Bauer, sein Meisterschüler.«

Ulf strahlt.

»Wenn ich euch noch ein Mal in der Nähe meines Hauses sehe, rufe ich die Polizei!«

Seitdem Ulf nicht mehr zu Hause wohnt, sondern mit meinem Pa und mir eine Männer-WG gegründet hat, ist er mutiger geworden. Und er redet auch viel mehr: »Finden Sie das nicht selber ein bisschen komisch? Jahrelang wird Anne von Leuten behandelt, die ihren Ausschlag immer noch schlimmer und schlimmer machen. Jetzt plötzlich verschwindet alles und es geht ihr gut. Und zur Strafe dürfen wir nicht mehr in die Nähe Ihres Hauses.«

»Ja!«, pflichte ich meinem ergebenen Diener bei. »Und wenn ich Ihnen einen guten Rat geben darf: Lassen Sie Ihr Parfum weg. Es ist nicht gut für Sie und auch nicht gut für Ihre Tochter.«

Annes Mutter wird laut: »Ihr macht euch doch nur einen Spaß mit Anne! Ihr bringt sie dazu, solchen Blödsinn zu machen! Und dann lacht ihr über sie! Unsere Badewanne ist jetzt noch verstopft. Ich weiß gar nicht, wie ich das dem Klempner erklären soll! Der hält mich für verrückt! Ich hätte Lust, euch die Rechnung zu schicken!«

Da erklingt hinter ihr eine Stimme, süß wie türkischer Honig: »Man kann nicht immer alles verstehen. Tun Sie einfach, was er sagt. Er ist ein guter Junge.«

Die Stimme gehört Frau Müller-Supente vom Jugendamt. Neben ihr steht Frau Flamme. Blass, ein wenig verunsichert, aber mit mildem Lächeln. Sie sieht ein bisschen aus, als sei sie noch nicht wieder ganz auf dieser Welt. Ihre Pupillen sind größer als sonst. Überhaupt wirken ihre Augen verwässert, als würden sie versuchen die Farbe zu wechseln.

»Der Junge«, sagt Frau Müller-Supente, »hat eine Gabe. Er ist hellsichtig.«

»Hellsichtig?!«, keift Annes Mutter,

Frau Müller-Supente deutet ihr an, sie solle nicht so laut sein, und zieht sie zur Seite. Die beiden Frauen flüstern miteinander.

Frau Flamme legt ihre Hand auf meinen Kopf, streichelt meine Haare und sagt leise: »Ich weiß, Felix. Du siehst alles, aber du kannst schweigen. Ich verlass mich auf dich.«

Ich nicke und weiß, dass meine Bio-Note gerettet ist. Die wird mir nie wieder ein Mangelhaft geben.

»Was meinte die damit, dass du hellsichtig bist?«, fragt Ulf.

»Sie meint damit, dass du ein HOJURANI-Meister bist. Stimmt's?«

»Ja. Das ist ihre Art, es auszudrücken.«

Sogar mein Papa kommt zum Flohmarkt und er ist nicht gerade begeistert, als er uns mit den T-Shirts sieht. Was ihn besonders wütend macht, ist, dass Richter Lange das Geld kriegen soll.

Dann erfahre ich, warum er in letzter Zeit so mies drauf war: Sein großes Vorbild, James Brown, gibt ein Konzert im Tanzbrunnen. James Brown war mal drei Jahre wegen Raubüberfall in einer Jugendbesserungsanstalt, wurde dann trotzdem berühmt und spielt jetzt mit 75 seine alten Songs genauso toll wie früher, sagt Pa, zum Beispiel *Sex Machine* oder *I feel good*. Beides Songs, die mein Papa mit den *Piraten* oft nachgespielt hat. Atze hat ihm erzählt, dass James Brown für das Konzert einen Ersatz für seinen schwarzen Bassisten braucht, weil der mit einer Darmgrippe im Krankenhaus liegt. Mein Pa hat sich sofort beworben. Zwar ist mein Pa kein schwarzer Bassist, sondern ein weißer Saxophonist, aber solche Kleinigkeiten haben ihn noch nie gestört. Trotzdem bekam er den Job nicht, denn es war eben nur ein Gerücht und in Wirklichkeit suchten sie keinen schwarzen Bassisten, sondern ein langbeiniges Go-go-Girl, und da hatte mein Papa nun wirklich keine Chance.

Er sieht das als persönliche Niederlage. Jetzt würde er zu gerne mit seinen Kumpels eins trinken gehen, aber daran darf er ja nicht mal denken.

Noch schlimmer ist für Papa wohl die Sache mit Leo. Leo, der beste Drummer des Universums, zumindest wenn er gut drauf war. Jetzt ist er nach dem Entzug in Therapie. Deswegen ist das Schlagzeug bei den *Piraten* nur noch ein Rhythmus im Hintergrund und nicht mehr die treibende Kraft. Das wäre noch nicht so schlimm, denn natürlich wird Leo irgendwann wieder da sein. Aber nun hat Papa von ihm eine Einladung bekommen. Leo hat in der psychosomatischen Klinik Waldesruh mit Billigung der Therapeuten eine Band gegründet. Sie besteht aus trockenen Alkis, Ex-Junkies und einem Arzt, der schon als Kind Sänger werden wollte, aber von seinen Eltern gezwungen wurde Medizin zu studieren. Sie geben ihr erstes Konzert. Sie nennen sich die *Seeräuber*. Und die *Piraten* sollen die Ehrengäste sein.

Mein Papa ahnt, dass dies die echte Anti-Drogen-Band werden könnte. Dann braucht man die *Piraten* nicht mehr.

Wahrscheinlich findet Leo den Namen *Seeräuber* witzig, weil er so sehr an die *Piraten* erinnert. Mein Papa kann darüber nicht lachen. Er zeigt mir die Karte und ich versteh sofort, was los ist.

»Ich werde hinfahren und ein ernstes Wörtchen mit ihm reden.«

Ich nicke. »Ja, Pa, klar. Ich bin ja sowieso für vierzehn Tage bei Mama.«

»Und was wird aus mir?«, fragt Ulf.

Mein Papa ist wie so oft großzügig: »Du kannst in der Wohnung bleiben.«

Wir warten nicht bis achtzehn Uhr. Die Flohmarktpleite zeichnet sich schon jetzt deutlich ab. Warum sollen wir noch länger bleiben?

»Wir verkaufen sowieso nichts mehr«, prophezeie ich und wir packen den Stand zusammen.

Das ist der Vorteil, wenn man HOJURANI-Meister ist. Niemand widerspricht in solchen Momenten.

201

Neben uns zanken sich zwei Pakistanis. Die Frau will auch zusammenpacken, aber der Mann ist der Meinung, der richtige Ansturm käme erst noch.

»Wieso«, fragt Ulf, »kannst du die Leute nicht mit HO-JURANI beeinflussen, dass sie bei uns Sachen kaufen, Meister?«

Ich denke gerade über eine gute Lüge nach, da kommt Ulf mir schon zuvor: »Klar, ich weiß. Die Erschütterung der Macht. Spürst du, dass du an Kraft verlierst?«

Ich überlege. Wenn ich jetzt Ja sage, verliert er den Respekt vor mir. Gleichzeitig habe ich damit aber eine gute Begründung, warum einiges nicht funktioniert.

Der Piepser meines Handys rettet mich vor der Antwort. Die Nachricht ist von meiner Mama:

Komm heute Abend
pünktlich, Felix.
Ich muss mit dir
reden. Herr Lange
wird auch da sein.
Mama.
(Schneller WEB.DE Freemail)

Stumm reiche ich das Handy an Ulf weiter. Er wirft einen kurzen Blick darauf.

Seine Antwort ist knapp, aber präzise: »Au, Scheiße.«

Wir gehen eine Weile schweigend nebeneinander her. Mit Susis Vater fertig zu werden ist in Mamas Gegenwart bestimmt noch viel schwerer als in unserer Männer-WG. Wir brauchen dringend die neuntausendzweihundertsechsundsiebzig Euro und zwanzig Cent.

Ulf ist blass. Er fühlt sich schuldig, das merke ich deutlich. Er will etwas wieder gutmachen, aber er weiß nicht wie.

»Meister, ich werde dich nicht im Stich lassen«, verspricht er. »Ich steh dir zur Seite. Egal, was passiert.«

»Ulf, du dienst mir als Sklave jetzt schon fast ein halbes Jahr. Deine Ausbildung ist noch lange nicht abgeschlossen. Aber heute wirst du einen weiteren Schritt machen.«

Er strahlt erwartungsvoll.

9

Die Samstage im Friseurgeschäft sind besonders schlimm. Wenn es auf sechzehn Uhr zugeht, hat meine Mama immer hektische rote Flecken im Gesicht. Jede Kundin will natürlich noch gerne drankommen, weil ihnen beispielsweise, wie sie meinen, das Rendezvous ihres Lebens bevorsteht und sie doch erst vor zwei Stunden davon erfahren haben. Sie flehen dann meine Mama an, sie nicht hängen zu lassen.

Mama kann sich jetzt also nicht um mich kümmern. Dafür wird sie später nicht gerade gut gelaunt sein. Und dann kommt noch der Richter. Da braut sich einiges zusammen ...

Leider ist auch Frau Kemperhausen da. Ich kann es ihr ansehen. Sie hat sich natürlich längst über mich beschwert. Sie lässt sich jetzt nur die Haare machen, um mich genüsslich untergehen zu sehen.

Ich stehe im Laden herum und weiß mal wieder nicht so recht, wohin. Alle Hauben sind in Betrieb. Zwei Aushilfsfriseurinnen waschen Köpfe, während Mama frisiert.

Die Blicke von Frau Kemperhausen verfolgen mich. Da sehe ich vor der großen Schaufensterscheibe meinen treuen Sklaven Ulf. Er hat Anne und Susi mitgebracht. Alle drei winken mir.

Ich gehe kurz zu ihnen raus.

»Wir werden dir alle zur Seite stehen«, verspricht Susi. Sie weiß, wie furchtbar ihr Vater sein kann. »Was sollen wir tun?«

Offen gestanden wäre es mir am liebsten, ich würde sie loswerden. Für die Erniedrigungen, die mir bevorstehen, brauche ich keine Zeugen. Aber ich kann sie nicht einfach wegschicken. Ich muss ihnen eine Aufgabe geben.

Da habe ich den rettenden Einfall. Ich werde ihnen ein echtes HOJURANI-Erlebnis verschaffen. Ich habe so etwas Ähnliches mal im Fernsehen gesehen. Ich glaube, da war es ein Voodoo-Priester.

»Ich will, dass ihr zu dritt in einem Raum sitzt. Ihr sollt in einer Schale Kräuter verbrennen. Und dabei immer nur sagen: ›HOJURANI‹, ›HOJURANI‹, ›HOJURANI!‹«

Susi ist sofort begeistert. »Ich habe zum Geburtstag Räucherstäbchen geschenkt bekommen. Von meinen Freundinnen. Die darf ich zu Hause nicht anmachen, weil mein Papa dann sofort die Krise kriegt. Wir könnten sie zerbrechen, alle in eine Schale werfen und dann ...«

»Sind das die richtigen Kräuter zum Verbrennen?«, fragt Ulf vorsichtig. »Ich meine, Räucherstäbchen sind doch keine Kräuter. Müssen es besondere Hexenkräuter sein?«

»Nein. Es kommt nicht auf die Kräuter an, sondern auf eure Gedanken. Mit dem Rauch steigen sie auf zum Universum.«

Ich frage mich selbst, woher ich diese Worte nehme. Sie sind plötzlich da, ganz logisch und klar.

Anne hat Bedenken. »Wo sollen wir das machen? Bei

uns nicht. Meine Mutter dreht am Rad, wenn wir die Wohnung ausräuchern. Sie hat schon genug damit zu tun, dass ich in Müll bade.«

»Bei mir ist es auch unmöglich«, sagt Susi. »Du weißt doch, wie meine Eltern sind.«

»Ja, sollen wir vielleicht zu meinem Alten gehen?«, fragt Ulf. »Der wird uns mit Boxhieben verjagen! – Ich Blödmann!«, lacht er. »Wir haben doch die Männer-WG. Klar! Wir gehen zu uns. Wir machen das bei uns. André ist sowieso nicht da. Und selbst wenn er da wäre, dem ist das egal.«

Glücklich fragt er mich: »Wie oft sollen wir HOJURA-NI sagen, Meister?«

»Zweitausend Mal. Alle gleichzeitig und voller Inbrunst.«

»Wird deine Macht dann steigen?«

»Ja. Meine Energie wird durch eure gespeist werden.«

»Und dann?«

Ich lächle Susi an. »Dann wird dein Papa mir aus der Hand fressen.«

»Schaffst du es, dass er die Anzeige zurückzieht und …?«

»Aber klar. Macht euch keine Sorgen. Wenn ihr das Ritual richtig macht, wenn ihr mit euren Gedanken ganz dabei seid, wird meine Kraft so groß werden, dass niemand gegen mich eine Chance hat.«

Frau Kemperhausen kann nicht ertragen, dass wir draußen etwas ausbrüten, von dem sie nichts mitkriegt. Sie ahnt wahrscheinlich, dass hier ein großes Ding läuft, denn durch die Scheibe sieht sie die Gesichter.

Wir planen hier keinen Mühle- und Dame-Abend, kein

Monopoly-Spiel und garantiert besprechen wir gerade keine Hausaufgaben. Meine drei HOJURANI-Schüler haben einen feurigen Glanz in den Augen. So sehen junge Helden im Fernsehen aus, bevor sie dem Drachen begegnen und ihr Schwert mit Blut tränken.

Mit ihren aufgewickelten Haaren kommt Käpt'n Hook nach draußen. Ihre Lockenwickler sind mit weißem Schaum besprüht. Sie wirft mir einen Blick zu, als sei ich ein Insekt, das sie gleich zerquetschen wird, bevor es sie sticht. Aber manchmal sind solche Insekten schneller. Jetzt zum Beispiel.

Ich richte meinen Blick nach oben, halte die Hände über meinen Kopf, als würde etwas von oben herunterfallen, und springe zur Seite.

»W... W... Was...?«

»Das war eine von den Tauben da oben«, sage ich. »Die sitzen immer auf der Dachrinne. Ich hatte schon Angst, sie scheißt mir auf den Kopf. Es ging zum Glück daneben.«

»Was? Wo hat sie denn hinge...?«

Wahrscheinlich fürchtet Frau Kemperhausen, wenn sie dieses Wort ausspricht, würde sich der Boden öffnen, sie in eine Erdspalte hineinfallen und für immer in der Hölle landen. Sie presst die Lippen fest zusammen. Mit hektischen Augen sucht sie den Boden nach dem Unaussprechlichen ab.

»Einen Moment dachte ich schon, Sie hätten es auf den Kopf bekommen, Frau Kemperhausen. Aber das ist nur eine Kurpackung, oder?«

Frau Kemperhausen greift mit beiden Händen in die

Lockenwickler. Sie fasst in den dicken weißen Schaum, durchwühlt ihn mit ihren Fingerspitzen. Er glitscht genauso zwischen ihren Fingern, wie sich in ihrer Vorstellung Taubenscheiße anfühlen muss.

Das habe ich als größter Lügner aller Zeiten gelernt: Die Wirklichkeit ist nur Schein. Worauf es ankommt, ist das, was wir glauben. Und sie glaubt nun, dass sie Taubenscheiße auf dem Kopf hat, obwohl sie doch genau gesehen hat, dass meine Mama ihr den Kopf mit einer Packung eingeschäumt hat.

Angewidert stürmt sie in den Laden. »Waschen Sie mir das sofort raus! Waschen Sie mir das sofort raus!«

Anne, Susi und Ulf platzen los. »Du bist echt der Größte, Felix!«

»Ja«, freut sich Anne. »Wie hast du es geschafft, dass eine Taube ihr auf den Kopf geschissen hat? Gehorchen dir auch die Tiere?«

Nicht mal Ulf ist blöd genug, um das zu glauben. Er nimmt seine Freundin in den Arm und genießt es, endlich mal der Schlaue zu sein. »Er hat gelogen, ganz einfach. Er hat sich in ihre Gedanken eingeklinkt und ihr weisgemacht, das sei geschehen. Das kann er. Hier gibt es schon lange keine Tauben mehr. Die wurden vor Jahren vergiftet. Die schlauen haben sich zum Dom, zum Hauptbahnhof oder zum Zoo geflüchtet.«

Jetzt begreift Anne das ganze Ausmaß meiner Macht erst wirklich. Sie sieht mich fast ein bisschen verliebt an. Aber ich werde doch meinem Sklaven nicht schon wieder die Freundin ausspannen.

»Geht jetzt«, bitte ich meine Jünger. »Ihr wisst genau,

was ihr zu tun habt. Spätestens um acht muss ich die volle Kraft haben. Fangt schon früher an.«

»Ja, Meister. Zweitausendmal!«, ruft Susi.

Sie wollen losrennen, aber ich halte sie zurück. »Zweitausendmal mindestens!«, sage ich. »Und ihr dürft nicht aufhören, bevor ich euch angerufen habe. Erst wenn der Kampf mit deinem Vater vorbei ist. Erst dann. Pitbull?«

»Pitbull!!«, antwortet Ulf ohne zu wissen, was es bedeutet, und reckt den Daumen zum Himmel als Zeichen dafür, dass wir siegen werden.

»Was heißt denn Pitbull?«, fragt Anne, aber Ulf zuckt nur mit den Schultern.

Ich gehe in den Laden zurück.

Im Friseurladen sehe ich, wie meine Mutter der hysterischen Frau Kemperhausen den Schaum aus den Haaren wäscht. Die hat wahrscheinlich auch eine histrionische Persönlichkeitsstörung wie Frau Flamme.

Ruhig und sachlich sagt meine Mutter: »Sie müssen die Kurpackung aber trotzdem bezahlen, Frau Kemperhausen. Ich verstehe nicht, warum Sie sie nicht einwirken lassen. Für Ihre Haare wäre sie wirklich genau das Richtige. Dadurch bekommen sie mehr Fülle und Glanz.«

»Es soll alles runter! Alles runter! Ich habe Taubenmist auf dem Kopf! Das sind die fliegenden Ratten des Himmels! Der ist bestimmt voller Keime und Bakterien!«

Meine Mama ahnt sofort, dass ich dahinter stecke. Sie sieht mich strafend an.

Ich rufe laut: »Frau Kemperhausen, das war nur ein Scherz! Ich wollte nur einen Witz machen. Ihnen hat keine Taube auf den Kopf geschissen!«

Mama richtet die Brause von Frau Kemperhausens Haaren weg ins Waschbecken. Dann dreht sie den Wasserhahn ab. Frau Kemperhausen hebt ihren Kopf aus dem Becken. Die Kurpackung tropft wie kleine, vom Himmel gefallene Wolken an ihr herunter.

»Nur ein Scherz«, wiederhole ich und versuche sie mit meinem Lächeln anzustecken. Das gelingt aber nicht.

»Das ist der Einfluss seines Vaters. Es ist eine Schande, dass es nicht möglich ist, ihm die Erziehungsberechtigung zu entziehen. Sie sehen ja, was dabei herauskommt. Wenn er vierzehn Tage bei ihm war, kommt der Junge immer so verkorkst hier an. Es dauert dann ein paar Tage, bis ich wieder einen richtigen Menschen aus ihm gemacht habe.«

Bis acht Uhr schickt meine Mutter mich in mein Zimmer. Sie sagt mir auch, was ich da machen soll, ich höre aber nicht zu. Es bewegt sich irgendwo zwischen Hausaufgaben machen, über meine Sünden nachdenken, staubsaugen und ja die Finger vom Computer zu lassen!

Ich stelle mir vor, wie Anne, Susi und Ulf jetzt bei meinem Pa zu Hause in der Wohnung sitzen, aus der Papa nun wahrscheinlich nie mehr ausziehen wird, denn Ulf hat ja schon fast alles repariert und neuerdings kocht auch noch Frau Berg für uns mit.

Ich fühle mich ganz wohl mit ihnen. Sonderbar, irgendwie sind sie so etwas wie meine Freunde geworden. Ich fühle mich ihnen gegenüber komisch. Als würde ich etwas Verbotenes tun. Einerseits bringe ich viel Abenteuer und Spaß in ihr Leben. Andererseits, irgendwann werden sie doch merken, dass ich gar kein HOJURANI-Meister bin. Was dann?

Ich muss es mir lachend eingestehen: Einen besseren Freund als Ulf habe ich wahrscheinlich nie gehabt. Am liebsten würde ich jetzt hier abhauen und bei ihnen sein, das HOJURANI-Ritual machen und … Aber was ich brauche, ist ein Plan. Der Zeiger der Uhr tickt gnadenlos weiter. Bald wird es acht Uhr sein.

Meine Ma hat den Laden inzwischen geschlossen. Sie liegt erschöpft auf der Couch, die Füße höher als der Kopf. Sie braucht dafür vier Kissen. Es ist ein wackliger Turm, auf dem ihre Füße ruhen. Wenn sie einschläft, fällt er manchmal zusammen und ihre Füße knallen runter. Das hebt ihre Laune nicht gerade.

Ich hoffe, dass es heute nicht passiert. Ich will aber wenigstens ein paar Worte mit ihr wechseln, bevor Richter Lange hier erscheint und seinen großen Auftritt hat.

Ich denke, eine Fußmassage könnte Mama jetzt helfen. Sie hat ja den ganzen Tag gestanden. Kein Wunder, wenn sie jetzt geschwollene Füße hat und ihre Waden bleischwer sind.

Wenn ich Mama die Füße massiere, wird sie bestimmt besser auf mich zu sprechen sein, denke ich.

Ich stelle mich also hinter den Kissenturm und berühre mit meinen Fingern vorsichtig ihre Fußsohlen. Sie reißt die Füße weg und kreischt. Sie tritt nach den Kissen. Das mit dem besonders dämlichen Kuhmuster darauf fliegt mir ins Gesicht.

Sie ist viel sportlicher, als ich dachte. Mit einem Sprung, den ich eher Batman zugetraut hätte als ihr, hechtet sie von der Couch hoch und kommt auf beiden Füßen nachfedernd vor mir zum Stehen. Ihre Hände hat sie in Schulterbreite vor dem Körper, bereit für ein Karateduell.

»Ich bin's, Mama! Dein Sohn! Felix!«

»Ich dachte … ich dachte, das sei …«

Das Ganze ist ihr natürlich peinlich und ich denke, ich kriege dadurch die Handlungsführung zurück.

Leider fängt Mama sich schneller wieder als erwartet. Sie lässt sich aufs Sofa fallen und sagt: »Mach das bloß nicht noch mal mit mir! Du hast mich fast zu Tode erschreckt. Das ist meine empfindlichste Stelle da unten an den Füßen.«

»Ich wollte sie dir nur massieren.«

»Wie kommst du auf so einen Quatsch?«

»Ich wollte dir etwas Gutes tun. Du hast den ganzen Tag im Laden gestanden, dir tun die Füße weh und … ich dachte doch nur, bevor Herr Lange kommt, wollte ich …«

Jetzt ist ihre Stimmung endgültig dahin.

»Richter Lange hat mir gesagt, dass er von dir noch neuntausendzweihundersechsundsiebzig Euro und zwanzig Cent bekommt. Das ist sehr viel Geld, Felix.«

»Mama, Papa hat schon mit ihm gesprochen. Ich war das gar nicht …«

»Ja, ja, dein Vater. Der kriegt gar nichts geregelt. Es ist nicht gut, sich mit Richter Lange anzulegen. Ich habe das alles mit Robert besprochen. Der hat mir einen heißen Tipp gegeben.«

»Er dir? Der versteht doch nur was vom Tauchen.«

»Sei nicht immer so frech. Immerhin hilft er mir für dich die Kastanien aus dem Feuer zu holen.«

Ich frage mich, woher dieser Satz kommt. Noch nie hat

jemand für mich Kastanien aus dem Feuer geholt. Aber Erwachsene benützen ihn gern. Sie meinen damit, dass sie etwas für jemanden tun, was er eigentlich selber tun müsste – glaube ich.

»Ich mag keine Kastanien, Mama.«

Da klingelt es. Richter Lange.

»Du setzt dich da hin. Sei jetzt brav. Und gib keine Widerworte. Entschuldige dich und ...«

»Aber Mama, wofür soll ich mich denn entschuldigen? Ich ...«

Ich frage mich, was hier läuft. Richter Lange ist ausgesprochen freundlich zu Mama. Und sie zu ihm. Die beiden flöten sich an. Wenn man ihnen zuschaut, hat man das Gefühl, in einer Operette zu sitzen. Keiner besonders guten, aber immerhin.

Sie machen sich Komplimente, er lobt die Wohnungseinrichtung – ich bin mir aber ziemlich sicher, dass der Herr Kirchenmusiker nicht in meine Mama verknallt ist. Nein, hier läuft was anderes.

Jetzt kriege ich eine Gänsehaut. Ist das etwa die Wirkung meiner Freunde? Kommt hier HOJURANI an? Leitet der Rauch ihre Wünsche tatsächlich zum Himmel? Hilft mir das jetzt?

Ich sehe nach oben. Da ist nur die Decke mit dem Kronleuchter. Aber ich frage mich, ob das Universum darüber, das ich jetzt leider nicht sehen kann, gerade mein Freund ist und mich beschützt.

Meine eigene Kunst beginnt mir Angst zu machen.

Ich nehme eine von Mamas Frauenillustrierten, die sonst im Laden ausliegen, und blättere darin. Das interessiert mich nicht die Bohne: Strickmoden, Schminktipps, neue Frisuren. Wie man Spaghetti selbst machen kann … Wer ist bescheuert genug, denke ich, sich extra eine Maschine zu kaufen und Spaghetti selbst zu machen, wenn man sie doch an jeder Ecke für ein paar Cent kaufen kann? Aber dann sehe ich zwischen all dem bunten Mist eine Spalte mit psychologischen Ratschlägen. Ein Typ, der aussieht wie der Henker von London, aber mildtätig lächelt, gibt Tipps zur Lebenshilfe. Ein Satz springt mich sofort an. Er ist nicht fett gedruckt, aber trotzdem ist es, als hätte er auf mich gewartet. Da steht: *Der Lügner belügt am Ende nur sich selbst.*

Redet der über mich? Mache ich mir nur selber etwas vor? Trotzdem, es ist, als würde ich die HOJURANI-Kraft spüren. Meine drei Freunde – ja, ich sage es jetzt einfach: FREUNDE – sind mit ihren Herzen bei mir und wünschen mir alles Gute. Wahrscheinlich ist es völlig egal, ob sie dabei Kräuter verbrennen, zerbrochene Räucherstäbchen oder alte Eierkartons. Wichtig ist, dass sie an mich denken, wirklich wollen, dass ich gewinne. Wichtig ist, dass sie zu mir halten.

Egal, was Robert sich für Schweinereien ausgedacht hat. Egal, ob sich meine Mutter gegen mich benutzen lässt oder nicht – nichts wird mich wirklich erreichen. Nichts kann mich wirklich schaffen. Denn ich habe Freunde, die zu mir halten. Sie sind jetzt nicht hier. Aber ich spüre, dass sie zu mir stehen! Es macht mich wirklich stark.

Ich rolle die Illustrierte zu einem Knüppel zusammen. Ich schlage damit einen Rhythmus in meine Hand. Das Ding ist jetzt mein bunter Zauberstab.

Ich weiß nicht, wie lange ich so über der Illustrierten gebrütet habe. Mama und Richter Lange haben bereits am Esstisch Platz genommen. Susis Vater trinkt ganz korrekt ein Mineralwasser, obwohl Mama ihm Weißwein angeboten hat. Sie nimmt natürlich auch nur Wasser. Dabei trinkt sie sonst samstagabends nach dem anstrengenden Tag im Laden immer ein Glas Wein.

»Mein Bekannter Robert Sattler hat gesagt, wir könnten einen Versicherungsschaden daraus machen. Ich habe für Felix eine Haftpflichtversicherung abgeschlossen, und zwar schon direkt nach seiner Geburt. Wir haben sie bisher nur ein Mal in Anspruch genommen. Als meiner Freundin die Waschmaschine kaputtgegangen ist, habe ich ihr den Gefallen getan und wir haben gesagt, Felix sei es gewesen.«

Susis Papa, der Herr Richter, müsste doch jetzt eigentlich empört sein. Ist er aber nicht.

Ich gefriere innerlich fast zu Eis. Ich sehe, wie er den Finger vor den Mund hält, denn er sieht wohl, dass ich mich ihnen nähere und alles mitkriege. Mama bemerkt mich nicht, weil ich von hinten komme.

Welche ihrer Freundinnen mag das wohl gewesen sein? Ich habe jedenfalls nie eine Waschmaschine kaputtgemacht.

»Ich habe auch schon darüber nachgedacht, Frau Schnupfen ...«, flüstert Herr Lange.

Mama dreht sich zu mir und sagt: »Geh in dein Zimmer, Felix. Es interessiert dich sicherlich nicht, was wir Erwachsenen hier besprechen. Du darfst auch gern ein bisschen fernsehen, wenn du möchtest.«

Ich schalte den Fernseher in meinem Zimmer zwar ein, robbe aber auf allen vieren zurück. Ich verstecke mich hinter der Glasvitrine. Ich bin ihnen ziemlich nahe.

»Sie sind ja eine ganz vernünftige Frau. Natürlich will ich mein Geld zurück. Wir können aber den Sachverhalt nicht so schildern, wie es wirklich war. Dann zahlt keine Versicherung. Das muss man immer ein bisschen passend machen – für die Akten der Versicherung, Sie verstehen schon.«

»Ja, natürlich«, pflichtet meine Mama ihm bei.

»Also, wir behaupten einfach, dass ...«

Ich glaube es nicht! Da sitzt meine Mama, die ehrliche, saubere, gute Geschäftsfrau zusammen mit dem Richter und Kirchenmusiker Lange und die beiden planen einen Versicherungsbetrug, um an neuntausendzweihundertsechsundsiebzig Euro und zwanzig Cent zu kommen. Und sie finden es ganz selbstverständlich.

Erwachsene sind die wirklich großen Lügner. Dagegen komme ich mir ganz klein und mickrig vor. Ich wäre nie auf so eine Idee gekommen. Für die ist das ganz normal.

Vielleicht hätte ich auf dem Flohmarkt doch nicht das Chili mit dem vielen Knoblauch, den Zwiebeln und den Bohnen essen sollen. Jetzt entfährt mir hinter der Glasvitrine ein mörderischer Furz. Er ist so laut, dass er das Fernsehprogramm übertönt. Mama und der Richter wissen sofort, dass ich in ihrer Nähe bin. Sie springen auf und erwischen mich, als ich gerade auf dem Rückzug bin.

»Also, das ist doch ...«

»Mama, ich weiß auch nicht, was mit mir los ist. Ich

habe auf einmal solche Magenschmerzen. Ich habe Durch-
fall und …«

Da wird die Mutterseele sofort schwach. Ich muss eine
weiße, dickliche Flüssigkeit trinken, die angeblich gut für
den Magen ist. Wer das Zeug runterwürgen kann, der
trinkt auch Jauche.

Sie verspricht, mir einen Haferschleim zu kochen. Ich
schaffe es sogar, freudig zu nicken. Dann muss ich ins
Bett. Sie stellt mir einen Eimer daneben, falls ich brechen
muss. Das ist nach dem weißen Zeug gar nicht so unwahr-
scheinlich.

Ich nehme mein Handy mit ins Bett und schicke eine
SMS an meine Freunde:

Danke für eure
Unterstützung.
Alles hat geklappt.
Susis Papa hat
sein Geld.
HOJURANI!

Es dauert nur Sekunden und sie mailen mir zurück:

Du bist der Größte,
Meister.
HOJURANI!

Ich schließe die Augen und fühle mich irgendwie eins mit
der Welt. Es geht mir gut. Vielleicht bin ich gar nicht der
größte Lügner aller Zeiten, sondern nur ein Lügner unter

ganz vielen, vielen anderen. Ich schäme mich nicht für das, was ich tue. Die Lüge ist mein Weg, mich gegen die Übermacht der Erwachsenen zu verteidigen. Und irgendetwas ist dran an dem HOJURANI. Das spüre ich.

Da erreicht mich eine zweite Mail:

Wir freuen uns
darauf, Meister,
dass du uns bald
in die hohe Kunst
des HOJURANI
einweist. Wir wollen
werden wie du.
Deine ergebenen
Sklaven.

Ich muss würgen und das liegt nicht nur an der blöden Medizin. Aus der Küche rieche ich bereits diesen widerlichen Haferschleim und ich höre Richter Lange laut lachen.

Ja, denke ich, das muss ich irgendwie schaffen. Aus euch HOJURANI-Meister zu machen, das ist meine nächste Aufgabe. Ich werde versuchen mich ihr zu stellen. Aber das ist eine andere Geschichte.

Nachwort zur Felix-Reihe

Jedes Kind sehnt sich nach Vorbildern. Bei mir war es nicht anders. Ich kannte tolle Frauen. Ich wuchs in einem Damenfriseurgeschäft auf, zwischen Frauengesprächen in einer Frauenwelt. Ich fühlte mich dort wohl. Männliche Vorbilder fehlten mir. Mein Vater war ein guter Kerl. Er konnte witzig sein und Spaß machen. Aber der Alkohol war stärker als er. Rasch kippte die Stimmung um, und mein Zuhause wurde, abgeschirmt von der Öffentlichkeit, zu einem finsteren Ort. Wenn die Schreiereien auf dem Höhepunkt waren, floh ich oft unter eine Spüle. Da stand noch ein leerer Plastikeimer, und direkt vor meiner Nase war ein krummes Abflussrohr. Dort harrte ich manchmal stundenlang aus, in der Hoffnung, nicht in die Streitigkeiten der Erwachsenen hineingezogen zu werden.

In meinen Zufluchtsort schmuggelte ich eine Taschenlampe und immer wieder Romane. Ich nahm das, was ich halt kriegen konnte. Von großer russischer Literatur – Dostojewski und Tolstoi – bis hin zu Liebesromanen und Abenteuerbüchern. Besonders gern las ich Karl May oder Piratenbücher. Eingeklemmt in der Spüle, mit krummem Rücken und schmerzenden Knien entfloh ich der Enge und segelte zwischen den Buchstaben davon. Bücher gaben mir Luft zum Atmen, Bücher gaben mir Freiheit.

Es war nicht einfach eine Flucht aus der Wirklichkeit, oh nein. Ich hatte das Gefühl, nach dem Lesen stärker zu sein. Ich identifizierte mich mit den Romanhelden, wurde Piratenkapitän oder Cowboy. Am allerliebsten aber war ich Winnetou. Der Held aus den Karl-May-Büchern war der beste Mensch, den ich kannte. Heute würde man ihn als Ureinwohner oder Indigenen bezeichnen. Für uns damals war er ein Indianer und dieses Wort sprach ich nicht etwa mit Geringschätzung aus, sondern mit äußerster Hochachtung. Er war für mich ein edler, freiheitsliebender Mensch, der die Schwachen beschützte und den Bösen Paroli bot. So einer wollte ich auch werden!

Ich bin meinem Verlag sehr dankbar, dass wir Ausdrücke wie Indianerehrenwort bei der Wiederveröffentlichung so belassen konnten, wie ich es damals geschrieben habe. Unter uns Jungs war das Indianerehrenwort das höchste Versprechen. Darüber gab es nichts mehr. Vergleichbar vielleicht mit einem Schwur, den Erwachsene vor Gericht machten.

Die vorliegenden Bücher schrieb ich im letzten Jahrtausend, zwischen 1998 und 2000. Damals waren Michael Jackson und Tina Turner bewunderte schwarze Popstars. Ich mochte ihre Musik und hörte sie beim Schreiben. Vitali Klitschko war, genauso wie sein Bruder, ein großartiger Boxer, mehrfacher Europa- und Weltmeister. Heute kennen wir ihn als Politiker, als Bürgermeister von Kiew, der oft in den Nachrichten auftaucht, weil die Ukraine von Russland angegriffen wurde.

So sind die Felix-Bücher auf der einen Seite ein Zeitdokument und trotzdem so aktuell, als hätte ich sie gestern erst geschrieben. Dies merke ich bei langen Lesereisen, wenn ich in Schulen auftrete und aus den Büchern vorlese. Schon nach wenigen Sätzen hören mir die Schülerinnen und Schüler gebannt zu. Immer kommt es zu Diskussionen, und ich werde nach meinem persönlichen Hintergrund gefragt, wie diese Geschichten um Felix, den Lügner, entstehen konnten. Bereitwillig gebe ich Auskunft, wie auch jetzt in diesem Nachwort.

Meist werden wohl Kinder von ihren Eltern erzogen, und die Eltern sind auch für ihre Kinder da. Ich hatte immer das Gefühl, dass es bei mir zuhause umgekehrt war. Schon als kleiner Junge wollte ich gern darüber schreiben: Über einen, der mit schwierigen Eltern fertig wird. Ja, ich will es gleich sagen: Ich mag Felix. Er ist ein wunderbarer Junge. Ich wäre gerne gewesen wie er. Er nutzt die Lüge, um sich gewaltfrei gegen die Übermacht der Erwachsenen zur Wehr zu setzen. Er macht es phantasiereich und muss in jeder Situation neu entscheiden. Er ist mein Held!

Ich merke bei den Lesungen in Schulen, wie viele Jugendliche sich mit Felix identifizieren können. Auch sie stehen oft den Verrücktheiten der Erwachsenen staunend gegenüber und suchen für sich einen Ausweg.

Kinder stehen immer vor der Wahl, die Erwachsenen nachzumachen oder sich genau gegenteilig zu entwickeln. Ich hätte mich locker entscheiden können, auch zum Säufer zu werden oder auf andere Drogen umzusteigen. Doch ich hatte abschreckende Beispiele in meiner Nähe. Ich wollte nie werden wie mein Vater, der glaubte, den Alkohol zu beherrschen, aber stattdessen sein Sklave wurde. Freunde von mir, die mit anderen Drogen experimentierten, haben das sehr bereut, sind jung gestorben oder landeten in der Psychiatrie. Dies alles blieb mir erspart, weil der Widerspruchsgeist in mir – wie in Felix – lebte. Ich wollte mit klarem Kopf eine Figur schaffen, die sich in der verrückten Welt mit all ihren Widersprüchen behauptet: Felix.

Klaus-Peter Wolf

Witziges Vater-Sohn-Schlamassel von Bestsellerautor Klaus-Peter Wolf

Felix hat alle Hände voll damit zu tun, seinem chaotischen Vater immer wieder aus der Patsche zu helfen. Aber wirklich schwierig wird es, als sein Vater eine Liebes-SMS an die falsche Handynummer schickt. Felix springt mit einer gewagten Lüge ein: Er gibt die SMS als seine eigene aus und kommt damit unbeabsichtigt zu Susi als seiner Freundin. Damit zieht er allerdings den Hass ihres Ex-Freundes Ulf auf sich, der dummerweise der größte Schlägertyp der Schule ist ...

Mit viel Witz und einem kreativen Umgang mit der Wahrheit überlebt Felix sein Alltagschaos – zum Fremdschämen und Schlapplachen. Neuausgabe der ersten beiden Geschichten der Felix-Serie in einem Band mit aktuellem Nachwort des Autors.

Klaus-Peter Wolf
Echt jetzt?
Felix und das wahre Leben
Band 1
224 Seiten, gebunden
978-3-7373-4354-1

Weitere Informationen zum Kinder- und Jugendbuchprogramm der S. Fischer Verlage finden Sie unter *www.fischerverlage.de*